Tucholsky Wagner Zola Scott Sydow Freud Schlegel
Turgenev Wallace Fonatne Fouqué Friedrich II. von Preußen
Twain Walther von der Vogelweide Freiligrath Frey
Weber Kant Ernst
Fechner Weiße Rose von Fallersleben Richthofen Frommel
Fichte Hölderlin
Engels Fielding Eichendorff Tacitus Dumas
Fehrs Faber Flaubert Eliasberg Ebner Eschenbach
Feuerbach Maximilian I. von Habsburg Fock Zweig Vergil
Ewald Eliot
Goethe Elisabeth von Österreich London
Mendelssohn Balzac Shakespeare Dostojewski Ganghofer
Lichtenberg Rathenau Doyle Gjellerup
Trackl Stevenson Hambruch
Mommsen Tolstoi Lenz Droste-Hülshoff
Thoma Hanrieder
von Arnim Hägele Hauff Humboldt
Dach Verne Hagen Hauptmann Gautier
Reuter Rousseau
Karrillon Garschin Baudelaire
Defoe Hebbel
Damaschke Descartes
Hegel Kussmaul Herder
Wolfram von Eschenbach Dickens Schopenhauer Rilke George
Darwin Melville Grimm Jerome
Bronner Bebel Proust
Campe Horváth Aristoteles Voltaire Federer Herodot
Bismarck Vigny Barlach Heine
Gengenbach
Storm Casanova Tersteegen Grillparzer Georgy
Chamberlain Lessing Langbein Gilm Gryphius
Brentano Lafontaine
Strachwitz Claudius Schiller Kralik Iffland Sokrates
Schilling
Katharina II. von Rußland Bellamy Raabe Gibbon Tschechow
Gerstäcker
Löns Hesse Hoffmann Gogol Wilde Vulpius
Luther Heym Hofmannsthal Gleim
Roth Klee Hölty Morgenstern Goedicke
Heyse Klopstock Kleist
Luxemburg Puschkin Homer Mörike Musil
Machiavelli La Roche Horaz
Kierkegaard Kraft Kraus
Navarra Aurel Musset
Nestroy Marie de France Lamprecht Kind Kirchhoff Hugo Moltke
Laotse Ipsen Liebknecht
Nietzsche Nansen Ringelnatz
Marx Lassalle Gorki Klett Leibniz
von Ossietzky May vom Stein Lawrence Irving
Petalozzi Knigge
Platon Pückler Michelangelo Kafka
Sachs Poe Liebermann Kock Korolenko
de Sade Praetorius Mistral Zetkin

La maison d'édition tredition, basée à Hambourg, a publié dans la série **TREDITION CLASSICS** des ouvrages anciens de plus de deux millénaires. Ils étaient pour la plupart épuisés ou uniquement disponible chez les bouquinistes.

La série est destinée à préserver la littérature et à promouvoir la culture. Elle contribue ainsi au fait que plusieurs milliers d'œuvres ne tombent plus dans l'oubli.

La figure symbolique de la série **TREDITION CLASSICS**, est Johannes Gutenberg (1400 - 1468), imprimeur et inventeur de caractères métalliques mobiles et de la presse d'impression.

Avec sa série **TREDITION CLASSICS**, tredition à comme but de mettre à disposition des milliers de classiques de la littérature mondiale dans différentes langues et de les diffuser dans le monde entier. Toutes les œuvres de cette série sont chacune disponibles en format de poche et en édition relié. Pour plus d'informations sur cette série unique de livres et sur l'éditeur tredition, visitez notre site: www.tredition.com

tredition a été créé en 2006 par Sandra Latusseck et Soenke Schulz. Basé à Hambourg, en Allemagne, tredition offre des solutions d'édition aux auteurs ainsi qu'aux maisons d'édition, en combinant à la fois édition et distribution du contenu du livre en imprimé et numérique et ce dans le monde entier. tredition est idéalement positionnée pour permettre aux auteurs et maisons d'édition de créer des livres dans leurs propres domaines et sujets sans prendre de risques de fabrication conventionnelles.

Pour plus d'informations nous vous invitons à visiter notre site: www.tredition.com

Noël dans les pays étrangers

Alphonse Chabot

Mentions légales

Cette œuvre fait partie de la série TREDITION CLASSICS.

Auteur: Alphonse Chabot
Conception de couverture: toepferschumann, Berlin (Allemagne)

Editeur: tredition GmbH, Hambourg (Allemagne)
ISBN: 978-3-8491-2654-4

www.tredition.com
www.tredition.de

Toutes les œuvres sont du domaine public en fonction du meilleur de nos connaissances et sont donc plus soumis au droit d'auteur.

L'objectif de TREDITIONS CLASSICS est de mettre à nouveau à disposition des milliers d'œuvres de classiques français, allemands et d'autres langues disponible dans un format livre. Les œuvres ont été scannés et digitalisés. Malgré tous les soins apportés, des erreurs ne peuvent pas être complètement exclues. Nos partenaires et nous même, tredition, essayons d'aboutir aux meilleurs résultats. Toutefois, si des fautes subsistent, nous vous prions de nous en excuser. L'orthographe de l'œuvre originale a été reprise sans modification. Il se peut que ce dernier diffère de l'orthographe utilisée aujourd'hui.

Monseigneur CHABOT

Prélat de Sa Sainteté
CURÉ DE PITHIVIERS (LOIRET)

NOËL
DANS
LES PAYS ÉTRANGERS

[Note du transcripteur: Tout le matériel hors propos de l'édition qui a servi à la production de ce document est reporté à la fin du document pour ceux que ce matériel pourrait intéresser.]

NOËL
DANS
LES PAYS DU NORD

SUÈDE ET NORWÈGE
ANGLETERRE — ALLEMAGNE

Les fêtes de Noël, dans les pays du Nord, ont un double caractère religieux et familial. Les offices diffèrent peu des nôtres, si ce n'est que les chants d'église sont plus souvent exécutés en langue vulgaire. Nous ne citerons que l'adaptation de l'*Adeste fidèles: Oh! come all ye faithful!* (Oh! venez tous, fidèles) si populaire en Angleterre, et le *Cantique des Anges* (Engelenzang) que des chanteurs éminents font entendre, chaque année, dans l'église protestante de Moïse et Aaron, à Amsterdam.

Noël est vraiment la fête de famille par excellence, dans les contrées septentrionales de l'Europe.

PAYS SCANDINAVES

Huit jours avant la solennité de Noël, les places de Stockholm sont couvertes de sapins que les paysans coupent dans les forêts voisines et viennent vendre en ville. Toute famille, si pauvre soit-elle, a pour la grande veillée son arbre de Noël orné de lumières et garni de jouets et friandises de toutes sortes. — Les pauvres ne sont pas oubliés: on organise pour eux des fêtes et ils reçoivent des vêtements et d'abondantes aumônes en argent.

En Norwège, la fête de Noël jouissait autrefois de certains privilèges. Ainsi les poursuites de la justice étaient suspendues pendant plusieurs jours, le plus généralement de Noël à l'Épiphanie. Cette trêve de procès variait suivant les lois locales; parfois sa durée s'étendait jusqu'à vingt jours.

Dans tous les Pays scandinaves, la fête de Noël se prépare discrètement et dans le mystère, afin que les cadeaux offerts ce jour là apportent à la fois surprise et contentement.

En secret, les petites filles mettent la dernière main à leur travail; l'une a brodé une paire de pantoufles pour son père, l'autre un coussin de canapé pour sa mère. Leurs soeurs aînées enveloppent dans un fin papier blanc une bourse de soie faite au crochet et entourée d'une faveur rose, ou encore confectionnent de belles et riches dentelles qu'elles offriront comme nappes d'autel à leur église.

Dans quelques pays, la distribution des cadeaux est des plus originales. Le présent, dissimulé soigneusement dans une gerbe de fleurs, une botte de foin ou de paille, ou dans de multiples enveloppes d'étoffes, de feuillage ou de papier, porte en grosses lettres le nom de la personne à laquelle il est destiné. Le messager chargé de le remettre frappe fortement à la porte, qui s'ouvre sans retard, et jette furtivement le *Juleklap* (c'est le nom suédois du présent) dans la chambre où la famille se trouve réunie. Alors commence une scène fort distrayante. Le destinataire se met à explorer minutieusement, au milieu des cris de joie de tous les assistants, fleurs, foin, paille, feuillage ou papier, afin d'arriver à l'objet convoité. Tantôt il trouve une épingle d'or, tantôt un vase précieux, quelquefois une élégante et gracieuse statuette, quelquefois aussi, après avoir déroulé les enveloppes mystérieuses, il ne trouve... rien. Une explosion de rire accueille la déconvenue du patient, victime de cette innocente supercherie.

Le *Juleklap* a quelquefois un caractère moral et satirique. La dame trop élégante reçoit une poupée bizarrement attifée; le châtelain qui, dans son salon, ménage trop la lumière ou laisse son antichambre dans l'obscurité, reçoit une douzaine de lampions. A un bavard on adresse un oreiller ou un éteignoir, à un fat, un col d'acier.

Quand il ne reste plus rien au fond de la corbeille, que les enfants ont bien cherché dans les papiers éparpillés sur le plancher, pour voir si l'on n'aurait rien laissé, la famille se rend à la salle à manger, où l'attend un souper composé exclusivement de mets nationaux.

«Aux Pays scandinaves, le repas de Noël se distingue des autres par le caractère traditionnel des plats qui y figurent. Pas de souper de Noël sans jambon, accompagné de riz chaud arrosé de lait froid; puis du *Vortbrod*, sorte de pain fait avec de la farine de froment délayée dans de la bière non fermentée; enfin l'indigeste *lustsfisk*. Qu'on s'imagine une *merluche* ou morue sèche dessalée, bouillie pendant trois jours dans une eau de cendre mêlée de chaux vive, et farcie ensuite avec du poivre, de la moutarde et du raifort: voilà le *lustsfisk*» [1]. Les vins d'Espagne fortement alcoolisés peuvent seuls faire digérer un si plantureux repas.

Note 1: (retour) M. Bitard, *Noël*.

Le soir de la veille de Noël, vers onze heures, dans les hameaux, tout le monde monte en traîneau et se rend à l'office. Mille étoiles scintillent dans le silence de la nuit, troublée seulement par les grelots des chevaux qui font craquer la neige sous leurs pieds. Ordinairement, auprès de l'église du village un vaste hangar offre un abri: des bancs pour les paysans et des râteliers pour leurs chevaux. Aussitôt l'office terminé, chacun regagne son logis au plus vite.

«Ce moment donne lieu, en Finlande, à une scène des plus divertissantes. Une vieille croyance promet la meilleure récolte de l'année à celui qui rentrera le premier dans sa maison, après l'office de Noël. C'est alors toute une conspiration contre les équipages. Les jeunes garçons sortent furtivement de l'église pendant l'office, détellent les chevaux, lient les traîneaux les uns avec les autres, changent les colliers, embrouillent les harnais, etc. On conçoit le désordre qui s'en suit, des cris, parfois des coups; la place de l'église se change en véritable champ de bataille. Enfin, les traîneaux sont retrouvés, chacun répare son attelage et part au galop: le combat finit par une course au clocher»[2].

Note 2: (retour) Desclées, *Noël.*

Dans la plupart des campagnes, les ménagères veillent à ce que, pendant les fêtes de Noël, l'ordre et la propreté règnent dans toute leur demeure. Il est d'usage de joncher les dalles de paille fraîche, ce qui donne à la chambre de famille l'aspect d'une grange où l'on a étendu les gerbes avant le battage. Est-ce en souvenir de la paille et de la pauvreté de la crèche? Nous serions portés à le croire. Quoi qu'il en soit, cette paille de Noël a, dit-on, une vertu merveilleuse: les animaux qui en mangent sont préservés de toute maladie pendant l'année.

En Suède, les paysans veulent que tous les animaux prennent part à la solennité de Noël: «Ce jour-là, dit M. Léouzon le Duc, ils donnent la liberté aux chiens de garde, ils servent à leurs bestiaux un fourrage d'élite»[3].

Note 3: (retour) *La fête de Noël en Suède et en Finlande.*

C'est un usage assez répandu, en Suède et en Norwège, d'offrir, le jour de Noël, un *repas aux oiseaux.* La dernière gerbe de la moisson est soigneusement conservée, chez les pauvres comme chez les riches, jusqu'à la veille de la grande solennité. Le vingt-cinq Décembre, au matin, on la fixe au bout d'une perche et on en décore le pignon de la maison. C'est un charmant et étourdissant concert que celui de la gent granivore faisant tapage autour de ce mât pour picorer les épis de blé. Tous les petits habitants de l'air prennent, eux aussi, leur joyeux festin et rendent grâces à la Providence qui, dans un jour si heureux, a voulu les combler d'allégresse. Cette ravissante coutume suédoise nous rappelle ces deux vers si connus:

Aux petits des oiseaux il donne leur pâture

Et sa bonté s'étend sur toute la nature[4].

Note 4: (retour) Racine, *Athalie*, acte II, scène VII.

Un de nos meilleurs poëtes a gracieusement chanté ce *Réveillon des petits oiseaux*:

> Et les oiseaux des champs? Ne feront-ils la fête?...
>
> Eux que l'hiver cruel décime tous les jours,
>
> Eux que le froid transit, que la famine guette
>
> Sur l'arbre dépouillé du nid de leurs amours!
>
> Oh, non! Pour eux, l'on cherche une gerbe emmêlée
>
> Où des milliers d'épis se courbent sous le grain,
>
> On l'étend sur la neige: «—Accourez gent ailée,
>
> «Car votre nappe est mise, et prêt est le festin!»
>
> Et vous voyez d'ici le pinson, la fauvette,
>
> Le menu roitelet voleter à l'appel.....
>
> Tout en mangeant le grain, ils relèvent la tête,
>
> Pour lancer une gamme, un cri de joie au ciel![5]

Note 5: (retour) Comtesse O'Mahony.

ANGLETERRE

Le peuple anglais célèbre la solennité de Noël avec une telle joie, une telle unanimité et de telles dépenses qu'on peut regarder le *Christmas*[6] comme sa fête nationale.

> **Note 6:** (retour) La vieille désinence, *mas* signifie *fête*; *Christmas*, fête du Christ.

Autrefois, à l'occasion de Noël, avait lieu une fête carnavalesque. Des *carols* (chansons) anglaises nous font connaître les personnages mis en scène dans ces mascarades: le roi de la *Bombance*, la reine de la *Folie*, la princesse *Déraison* y paraissent au milieu d'un bruyant cortège.

A la Cour, chez les princes, un officier était chargé de présider aux réjouissances. Il s'appelait *Lord of Misrule* (le Seigneur du Désordre). En Écosse, on le nommait *Abbot of Unreason* (l'Abbé de la Déraison). Ces fonctions ont été abolies par «*act of Parliament*» en 1515. Les prêtres durent plusieurs fois s'interposer contre les frivolités de ces amusements.

Dans les recueils de Folk-Lore, on parle des joyeuses bandes que conduisaient, pendant les fêtes de Noël, le Roi de la Déraison et la Princesse de la Bombance. Sous de folâtres déguisements, les amis du voisinage venaient sans honte tendre la tirelire de Noël à la Reine de la fête et demander largesse de joie, de gaieté, de rire, aumônes de plaisirs. Hélas! qu'ils sont loin aujourd'hui ces jours où Henri II servait à table son fils, Roi du Festin et lui apportait, au bruit des trompettes, comme plat d'honneur, une tête de sanglier qui, couronnée de laurier et de romarin, enterrait ses formidables défenses dans la pomme fleurie ou l'orange dorée! Et comme il est passé le temps où cent trente des citoyens les plus puissants de Londres, revêtus de costumes et de titres fantastiques, roi, reine, ministres, choisis par la Folie, cavaliers galopant sur de fringants coursiers, sonnant des fanfares, couraient à Kensington, à la rencontre du petit-fils d'Edouard Ier, tous réunis dans une même joie, chantant Noël.

La lugubre Réforme a soufflé sur toutes ces joies, éteint toutes ces lumières et faussé toutes ces trompettes [7].

Note 7: (retour) Oscar Havard, *Les Fêtes de nos Pères*.

L'illustre Walter Scott nous dit que ses ancêtres regardaient déjà Noël, comme la fête familiale par excellence:

England was merry England, when

Old Christmas brought his sports again;

Twas Christmas broached the mightiest ale,

Twas Christmas told the merriest tale,

A Christmas gambol oft would cheer

The poor man's heart, through half the year.

L'Angleterre était la joyeuse Angleterre quand

Le vieux Noël ramenait ses jouissances;

C'était Noël qui mettait en perce la bière la plus forte,

C'était Noël qui racontait le conte le plus joyeux,

Les ébats de Noël souvent réjouissaient

Le coeur du pauvre, pendant la moitié de l'année.

D'immenses préparatifs sont faits en vue du *Christmas*.

De copieuses cargaisons d'oies grasses viennent de Normandie. Deux lignes de steamboats, de Dieppe à Newhaven et du Havre à Southampton, suffisent à peine à leur transport en Angleterre. Le Poitou et la Touraine envoient également à John Bull leurs dindes pansues. En 1901, une petite province du Centre, la Sologne, a expédié à Londres, par chemin de fer, plus de soixante mille dindons.

Les bateaux de Southampton et de Newhaven prennent à Granville et sur toutes les côtes de la Manche des monceaux de gui, cette plante parasite que les eubages, chez les Gaulois, allaient couper avec des faucilles d'or. On le dépose dans de grandes caisses à claire-voie, connues sous le nom de *harasses,* et on le transporte sur le pont des navires.

«On se prépare plusieurs semaines à l'avance au *Christmas*, dit M. Alphonse Esquiros. D'immenses troupeaux d'oies s'acheminent gravement du Nord de l'Angleterre, par toutes les routes, vers la métropole; les grands boeufs annoncent leur arrivée sur les chemins de fer ou les bateaux par de lugubres beuglements.»

A Londres, quelques jours avant Noël, a lieu dans la grande salle d'Islington, connue sous le nom d'*Agricultural Hall*, une exposition des animaux que l'on vendra pour Noël. Boeufs, oies, dindons se disputent les premiers prix; les mieux cotés vont ensuite orner de leurs chairs dodues les vitrines des industriels qui les ont achetés au poids de l'or.

«La veille de Noël, dit M. Virmaître, tout Londres est illuminé. Les boutiques des bouchers surtout sont resplendissantes de lumières; on y voit des boeufs dépouillés, couchés tout entiers sur des tréteaux, avec des becs de gaz dans le mufle.» On lit assez souvent au-dessus d'eux ces mots-réclame: *brought up by Her Majesty* (élevé par Sa Majesté la Reine). En effet, la Reine Victoria faisait paître des troupeaux à Windsor, à Hampton-Court et même à Kensington-Gardens, le bois de Boulogne de Londres.

Le soir du vingt-quatre Décembre, vers deux heures, l'agitation devient extraordinaire, dans les quartiers les plus populeux de Londres et surtout dans Whitechapel. Les cochers (*cabmen*), juchés derrière leur voiture, guident hardiment leurs chevaux. Le *All right* (tout va bien) retentit dans les conversations. Ce sont partout des entassements de volailles, comme on n'en voit pas dans les Halles centrales de Paris. Louis Blanc, de sa plume vive et originale, nous a donné le tableau le plus pittoresque et le plus vrai qu'on ait jamais tracé du *Christmas* londonien. «Quels énormes quartiers de viande! Quelles montagnes de chairs saignantes! Quel luxe d'imposants comestibles!... C'est par myriades qu'on vous compte, orgueilleusement étalés, ô selles de moutons, têtes de veau, hures de sangliers, dindons, canards, oies, poulets, perdrix, faisans, pluviers, lapins, et vous, poissons de toute espèce et de toute grosseur!» La brumeuse cité offre ce spectacle étrange d'une animation toujours croissante jusqu'au milieu de la nuit.

Au *Constitutional Club*, l'un des cercles les plus importants de Londres, on fait rôtir, chaque année, pour le Christmas, un énorme morceau de boeuf, de trois cent cinquante à quatre cents livres. C'est ce qu'on appelle le *Baron of beef*. Les membres les plus distingués du club ne manquent pas, au cours de la nuit de Noël, de rendre visite au *Baron of beef*. On voit alors, devant l'immense cheminée, les habits noirs des plus élégants fashionables se mêler aux vestes blanches et aux tabliers des cuisiniers.

Pour le *Christmas*, le *home* (l'intérieur de la maison) reçoit une décoration spéciale. Les touffes de houx, aux feuilles luisantes, égayées par leurs petites baies rouges, ornent les maisons les plus modestes, aussi bien que le château seigneurial. «Les baies rouges, disent les vieilles chansons, couronnent agréablement la tête du sombre hiver». Des guirlandes de laurier, de lierre et de fleurs entourent les lustres, les tableaux, les armures des ancêtres. Mais c'est le *gui* surtout, *mistletoe*—destiné, dit-on, à mettre en fuite les sorciers—qui joue le plus grand rôle dans la décoration du *Christmas*. Qui n'a pas admiré les branches entrecroisées de la plante druidique[8], son feuillage d'un vert pâle, semé de graines blanches et transparentes comme des perles de corail?

> **Note 8:** (retour) Les Druides regardaient le *gui*, à cause de sa verdure perpétuelle, comme l'emblème de l'immortalité de l'âme. On le cueillait la sixième nuit de la nouvelle lune après le solstice d'hiver; cette nuit, appelée la *nuit-mère*, commençait l'année gauloise. Un Druide, en robe blanche, montait sur le chêne, une faucille d'or à la main et tranchait la racine de la plante que d'autres Druides recevaient dans une saie blanche, car il ne fallait pas qu'elle touchât la terre.

Jadis, la veille de Noël, après la prière et les exercices de piété accoutumés, on allumait des cierges et, avec une grande solennité, le chef de la famille mettait dans l'âtre une bûche appelée *Yule-Log*[9] ou *Christmas Block*. Elle était allumée avec un tison provenant de la bûche de l'année précédente. Tant qu'elle durait, il y avait force rasades, chants et narrés d'histoires. Cet usage existe encore, particulièrement dans le nord de l'Angleterre, mais accompagné de certaines superstitions. Si la bûche vient à s'éteindre avant la fin de la nuit, ou si, pendant qu'elle brûle, survient une personne qui louche ou soit pieds-nus, cela est considéré comme de mauvais Augure.

> **Note 9:** (retour) *Yule*, en anglo-saxon *Geol*, la fête. Décembre s'appelait *se oerra geola*, avant la fête (de Noël). Janvier, *se aeftera geola*, après la fête (de Noël).

Pendant la nuit de Noël, les chanteurs de *Christmas carols*[10] (chants de Noël) vont se faire entendre à la porte des maisons; on les désigne sous le nom de *Waits*.

> **Note 10:** (retour) Les *Christmas carols* sont nos Noëls.

Les uns le font à titre purement gracieux, en l'honneur de leurs amis ou des membres de leur famille.

Washington Irving, dans son excellent ouvrage *The Sketch Book* (le livre d'esquisses), nous raconte le trait suivant: «Me trouvant chez un ami, le matin de Noël, alors que j'étais encore au lit, j'entendis le bruit de petits pas qui résonnaient à ma porte. Bientôt un choeur de voix enfantines entonna ce vieux chant de Noël:

> Rejoice, our Saviour he was born
>
> On Christmas day, in the morning.
>
> Réjouissez vous, notre Sauveur est né
>
> Le jour de Noël, au matin.

«Je me levai doucement, ouvris promptement la porte et je contemplai un des plus jolis groupes de fées qu'un peintre puisse imaginer. Il se composait d'un petit garçon et de deux petites filles; la plus âgée n'avait pas plus de six ans; ils ressemblaient à trois séraphins. Ils faisaient le tour de la maison et chantaient à toutes les portes.»

D'autres chanteurs s'en vont par les rues, mendiant pour eux-mêmes, les quelques *pence* (sous) que la générosité des veilleurs veut bien leur donner.

Dans quelques contrées de l'Angleterre, les enfants se réunissent pour aller de cottage en cottage, chanter des *Glees* (chansons à refrain). L'un de ces chants populaires, au rythme vif et gai, a pour refrain ces paroles:

The merry merry time

The merry merry time

Bless the merry merry Christmas time!

Le joyeux joyeux temps

Le joyeux joyeux temps

Béni soit le joyeux joyeux temps de Noël!

Cet usage des chants de Noël est des plus anciens, comme le prouve une *carol* anglo-normande que nous avons découverte, et dont nous citons le premier couplet:

Seignors, ore entendez à nus,

De loin sommes venus à vus

Pour quere Noël;

Car l'em nus dit que en cest hostel

Soleil tenir sa feste annuel

Ahi! c'est jur

Deu doint à tuz icels joie d'amors

Qui a danz Noël ferunt honors.

Seigneurs, à présent, écoutez-nous!

De loin, nous sommes venus à vous,

Pour demander Noël;

Car l'on nous dit qu'en cet hôtel.

De coutume on célèbre sa fête annuelle,

Ah! Ah! c'est le jour,

Dieu donne ici joie d'amour

A tous ceux qui feront honneur au jour de Noël[11].

Note 11: (retour) Lai de Marie de France.

Max O'Rell, qui avait fait un long séjour à Londres, dit, dans son livre intitulé *John Bull et son Ile:* «Noël, c'est la grande fête de famille en Angleterre.»

En effet, dans toute famille anglaise, riche ou pauvre, on célèbre le *Christmas* par un repas où les mets sont servis en abondance. Le morceau de choix est d'abord *Sir Loin* «le Seigneur Aloyau» que Charles II, dans un jour de belle humeur, avait nommé chevalier (*Knight*). L'oie rôtie, *roast goose*, est ensuite le plat préféré, quand la dinde rôtie, *roast turkey*, ne vient pas prendre sa place. Puis apparaît le signe culinaire de la nationalité anglaise, le fameux *plum-pudding*. «Hip! Hip! hourrah! Honneur au Roi du Festin[12].»

Note 12: (retour) La confection du *pudding* de Noël est des plus solennelles; chaque membre de la famille tourne à son tour la pâte qui doit devenir le gâteau. —Quelquefois celui-ci prend des proportions pantagruéliques. Certaines corporations ont fait confectionner des *puddings* qui absorbaient des centaines de livres de farine et de raisins de Corinthe.

«Au couvent de Ewel, nous écrit un de nos amis, nous organisions nos fêtes suivant les coutumes anglaise et française, anglaise pour le côté profane et française pour le côté religieux. Ah! le fameux *pudding* qu'un frère irlandais excellait à préparer! Ce nous était une joie sans pareille de voir les flammes bleues de l'alcool courir sur ses flancs dorés, et quand, dans une dernière course affolée, les jolies petites flammes s'évanouissaient, le *pudding* était débité en tranches succulentes, aux acclamations de tous, pendant que le pauvre frère gémissait sur le pillage d'une oeuvre où il avait mis tout son talent culinaire.»

Enfin apparaissent les *minced pies*, pâtés feuilletés qui enrobent des hachis de viandes, d'épices et de fruits[13]. Les Anglais arrosent le tout de flots de *sherry* (vin de Xérès d'Espagne) fabriqué à Londres. Les oranges, les bonbons, les amandes, les noisettes apparaissent au dessert. Le *Port-wine*, le vin de gingembre pour les *abstainers*[14], le *whisky*, voir même le *gin*, jouent un assez grand rôle dans le monde où l'on boit.

> **Note 13:** (retour) C'est ce que nous appelons un *pâté à l'émincé*.

> **Note 14:** (retour) Personnes qui *s'abstiennent* de liqueurs enivrantes.

Dans les Universités, notamment à Oxford et à Cambridge, il est de tradition de manger, à Noël, une hure de sanglier: on l'entoure de romarin et on la sert avec d'interminables salamalecs.

A Sandringham, où le Roi et la Reine d'Angleterre ont l'habitude de passer tous les ans les fêtes de Noël, on a servi, cette année, comme rôti de *Christmas*, un jeune cygne.

Ce cygne a été engraissé par les soins du «maître des cygnes de la Cour», fonctionnaire qui date des temps antiques et dont la charge consiste à surveiller l'élevage et la nourriture des cygnes qui peuplent les parcs et les jardins des propriétés royales.

Il y a cinq cents ans, le rôti de cygne était un mets recherché des gourmets et figurait à Noël sur les grandes tables. Edouard VII a repris cette tradition et donné ordre à son «maître des cygnes» d'engraisser une douzaine de ses «élèves» dont il a fait cadeau, à l'occasion de Noël, à des familles princières, à quelques hauts fonctionnaires de la Cour et aux juges du tribunal supérieur[15].

> **Note 15:** (retour) Le *Gaulois*, 26 Décembre 1904.

Le riche anglais veut que son frère pauvre se réjouisse à Noël. Les journaux sont remplis d'appels adressés au public par les sociétés charitables de toute espèce; les souscriptions abondent et la bourse des particuliers s'ouvre largement pour donner aux pauvres leur part de cette fête nationale.—L'*Hôpital français*, situé à Shaftesbury-Avenue, et desservi par les Soeurs françaises Servantes du Sacré-Coeur, reçoit, chaque année, en surabondance, oies, dindons et puddings pour les malades, convalescents et infirmes. Ce détail nous a été donné, à Londres même, par la Supérieure de l'établissement.

Dans quelques villes d'Angleterre, le maire reçoit, à l'occasion de Noël, cent vieillards qui viennent prendre le thé, pendant que sa femme réunit des veuves sans ressources. Ailleurs, ce sont des fondations pour dons de viande, de couvertures de laine, de sacs de charbons. Ainsi la distribution annuelle de la *Christmas Parcel Fund* (Société des paquets de Noël) de Shoreditch, établie en 1870, a eu lieu aux Bains de Pitfield-street. Neuf cent cinquante-six des citoyens les plus pauvres de la localité, la plupart ayant une nombreuse famille, ont reçu un paquet d'épicerie contenant une demi-livre de thé, un demi-quart d'une mesure de farine, une demi-livre de sucre et tout ce qui est nécessaire pour faire un bon *pudding* de Noël — et en plus un ticket pour cent livres de charbon. Quelques mots aimables furent adressés à l'assemblée par le conseiller Dr Davies, président de la Société, qui était assisté de l'honorable Claude Hay, M.P. (membre du Parlement), et de l'Alderman Pearce[16].

> **Note 16:** (retour) *The Daily Telegraph*, 23 Décembre 1904.

Dans quelques *Work-houses* (asiles des pauvres), les dames de charité offrent un dîner de Noël complet: roastbeef, plum-pudding et bière, quand une Société de tempérance n'intervient pas pour remplacer la bière par le thé. Dans ces *Work-houses*, on prépare même quelquefois, chose toute nouvelle pour l'Angleterre protestante, une cérémonie religieuse à minuit «*Watch service*», tout comme les catholiques ont la messe de minuit.

Le jour de Noël, un dîner pour plus d'un millier de pauvres est ordonné par la Reine d'Angleterre. Sa Majesté, accompagnée de la princesse de Galles et de ses petits-enfants, parcourt les grandes salles, parlant à ses convives d'un jour, les réjouissant de sa présence, alors que, d'autre part, elle a fait elle-même des couvre-pieds envoyés à la même époque aux hôpitaux de Londres.

Après le dîner de Noël, on se livre à différents jeux: nous n'en citerons que deux.

C'est d'abord le *Snap Dragon*. Sur une large coupe, on place des raisins secs et des amandes que l'on recouvre d'eau naturelle, sur laquelle surnage une mince couche d'eau-de-vie. On allume alors ce punch d'un nouveau genre, et il s'agit d'enlever prestement, sans se brûler, raisins et amandes que les ondulations d'une longue flamme défendent longtemps contre toute atteinte[17].

Note 17: (retour) Nicolay. *Histoire des Croyances.*
Tome II, p. 81.

The Hide and Seek (cache-cache) se joue dans les vieux manoirs. Et à cette occasion, l'aïeule, de sa voix chevrotante, ne manque jamais de psalmodier la *Légende du Beau-Lowe*: c'est une *Christmas carol* qui date, dit-on, du Ve siècle. Notre traduction littérale la donne dans toute sa simplicité:

«Noël au vieux château: c'est jour de fête. La fille du noble Biron joue avec ses compagnes. Elle joue à *cache-cache*. Quel délice! Elle se cache si bien, si bien, qu'elle disparaît et que personne ne peut la découvrir. Pas même son fiancé, le jeune et beau Lord Lowe. Les jours, les semaines, les mois, les années passent.—Vingt ans après, comme on avait besoin d'une nappe pour la table du festin de Noël, on ouvrit par hasard une vieille armoire et on y trouva, ô horreur!... un squelette couronné de roses blanches fanées.... Jeunes filles, songez à la fiancée du beau Lord Lowe!»

Le *Christmas* britannique est surtout la fête des enfants. Les écoles anglaises comptent deux vacances annuelles: l'une, qui est la plus longue, a lieu en été, l'autre est accordée à l'occasion de Noël. C'est par suite de la présence au logis des enfants dispersés dans les collèges, que la réunion de famille est au complet. La veille de Noël, *Christmas Eve*, les enfants suspendent à leur lit de fer les bas dans lesquels *Father Christmas* (le Père Noël) viendra déposer, croient-ils ou font-ils semblant de croire, les jouets et friandises qu'y déposeront réellement leur père et leur mère.

Le soir de Noël, les enfants règnent en souverains, et, comme dans les saturnales antiques, c'est le monde renversé.—Douce tyrannie de quelques heures, car, ainsi que le dit Emile Augier:

Nous n'existons vraiment que par ces petits êtres.

Qui dans tout notre coeur s'établissent en maîtres,

Qui prennent notre vie et ne s'en doutent pas,

Et n'ont pour être heureux qu'à n'être pas ingrats.

Toute la famille est réunie; alors c'est le bruit des jeunes voix, l'applaudissement des yeux, le trépignement des petits pieds sous la table. *Granny* (grand'-mère) réclame le silence: elle se fait apporter une bouteille de son plus vieux cognac. On arrose le *pudding*, on éteint le gaz et le plus jeune des *babies* allume l'eau-de-vie dont la flamme scintille en reflets bleus, pendant que la turbulente jeunesse improvise une ronde autour de la grande table. Le gaz brille de nouveau et le *pudding* est gravement entamé. On fait d'abord la part des absents. La poste, dès le lendemain, portera aux colons de la Nouvelle-Zélande, aux *Sheep farmers*[18] d'Australie, aux garnisons de l'Inde et du Cap, ce souvenir si touchant de l'amitié.

Note 18: (retour) Éleveurs de moutons.

L'Angleterre célèbre la fête de Noël avec une réelle allégresse: c'est l'époque choisie pour échanger voeux et étrennes. C'est Noël qui est vraiment le *jour de l'an* et qui sert de transition d'une année à l'autre. Aussi un grand nombre de *Christmas Cards* (cartes de Noël) partent d'Angleterre pour les quatre coins du monde *anglicisé*, colonisé par la conquête toujours envahissante du peuple britannique, empire sur lequel

The Sun never sets,

Le soleil ne se couche jamais.

Nous avons sous les yeux une collection très complète de *Christmas Cards*: il y en a de ravissantes. Certaines sont sur du papier fin et colorié, quelquefois avec photographies ou gravures de gracieux paysages ou de tableaux des grands maîtres. La plupart des voeux exprimés peuvent se résumer dans ceux-ci:

With Sincere Wishes for

A Very Happy Christmas and

A Bright and Prosperous New Year,

from

X***.

Avec sincères voeux pour

Un très heureux Noël et

Une brillante et prospère nouvelle année,

de la part de

X***.

Ces cartes sont à la portée de toutes les bourses: il y en a depuis dix centimes jusqu'à cinquante francs. La poste de Londres en expédie plus de soixante millions, à l'occasion du *Christmas*. On y joint quelquefois une minuscule boîte contenant quelques grains du *pudding* de Noël.

Toute famille anglaise qui ne reçoit pas, à l'occasion de Noël, des nouvelles des absents, en éprouve un profond chagrin, et s'il s'agit de proches parents ou d'amis intimes, toute la famille est en deuil.

Le lendemain de Noël s'appelle *Boxing-day*, à cause des *boxes* (boîtes, tirelires) que font circuler les facteurs, les laitiers, les porteuses de pain, et tant d'autres amis inconnus qui viennent vous souhaiter «un joyeux Noël et une bonne année», souhaits auxquels vous ne pouvez mieux répondre qu'en donnant des étrennes. Ce jour-là, la populace profite des trains à bon marché *(cheap trains)*, envahit les endroits où l'on s'amuse et semble oublier tout à fait que Noël est une fête religieuse.

L'Anglais porte partout avec lui le souvenir de Noël. Dans ses colonies les plus lointaines, sur les sables d'Afrique ou dans les terres glacées du Nord, il réunit ses compatriotes comme s'ils ne formaient qu'une famille. Tous ensemble ils célèbrent le *Christmas*: debout, le verre à la main, ils envoient un salut fraternel et leurs voeux de bonheur aux être chéris qu'ils ont laissés au-delà de l'Océan.

Pendant la guerre de Crimée, les dames anglaises furent émues de compassion pour leurs frères malheureux qui, devant Sébastopol, au milieu d'un hiver exceptionnel, faisaient l'admiration de toute l'Europe, par leur courage et leur endurance. Une souscription nationale fut ouverte dans tout le Royaume-Uni. Quelques jours avant Noël, des navires chargés de volailles, de *puddings* et de liqueurs partaient pour la mer Noire. Le vingt-cinq Décembre, les soldats anglais célébraient joyeusement leur *Christmas* et buvaient au triomphe et à la prospérité de la vieille Angleterre.

Un journal de Londres représentait naguères le *Christmas* dans un corps de garde anglais: la scène est des plus pittoresques: elle se passe au Transvaal. «Les fusils sont dressés en faisceaux, une guirlande de verdure court à travers les canons, une chandelle allumée brûle au bout de chaque baïonnette, et les soldats choquent gaiement les verres autour de cet arbre de Noël d'un nouveau genre, qui leur rappelle à tous les joies de la Patrie absente.»[19].

Note 19: (retour) Desclées, Noël, page 67.

N'importe où il se trouve, sur le pont d'un navire, sous la tente ou la hutte grossière de l'explorateur, perdu dans les glaces polaires, l'Anglais, oubliant un instant ses peines, ses fatigues, ses dangers, ne manque jamais de donner au vieux *Christmas* la bienvenue de joie et d'espérance à laquelle il a droit.

Les catholiques anglais donnent à la fête religieuse de Noël la plus grande solennité: il faut aller dans la belle et riche église de l'Oratoire, à Londres, pour y entendre la magistrale musique de Palestrina.

En Irlande, le soir de Noël, d'une multitude de maisons sortent les familles catholiques, chacun tenant à la main une torche de résine allumée. C'est un spectacle d'une étrange beauté. On dirait des flots de lumières ondulant dans les ténèbres. Toutes ces pieuses communautés se réunissent au centre de la paroisse autour d'un cercle de flambeaux immobiles.

Citons, en finissant, une page ravissante du vicomte Walsh, qui raconte *une Messe de minuit en exil*:

«C'était dans le nord de l'Angleterre, dans un joli château, à Standen-Hall, chez lord Southwell, fervent catholique qui, pendant les mauvais jours, avait offert l'hospitalité à ses parents et amis de France.

«Nous y étions un jour de Noël. Dès la veille, on avait mis des bouquets de houx bien verdoyants, avec leurs baies ressemblant à des perles de corail.

«... Dans la chapelle, l'autel, le tabernacle, les gradins, les flambeaux étaient en bois d'acajou poli, avec des ornements dorés, un épais tapis aux plus vives couleurs couvrait les marches du petit sanctuaire; la neige, le froid étaient au dehors, et dans cet intérieur béni, tout était propre, chaud et confortable.

«Dans la tribune, en face de l'autel, des places réservées étaient entourées d'un rideau de soie cramoisie; derrière ce voile était le piano-orgue et les personnes qui devaient chanter. Lady Southwell (soeur de ma mère), lady Gormanston, sa fille, Mesdemoiselles de Choiseul, ses nièces, formaient ce choeur de famille.

«Il y a bien longtemps de cela. Depuis cette fête de Noël, j'ai compté bien des lendemains de la Toussaint, bien des Jours des Morts. Parmi celles qui chantaient alors devant l'autel de Standen Hall, il y en a qui chantent aujourd'hui devant Dieu, dans le ciel. Bien des années, bien des fortunes diverses me sont survenues depuis le *merry Christmas time* (ce gai temps de Noël); j'ai entendu depuis les messes en musique de Mozart et de Rossini, et toutes ces années, toutes ces fortunes diverses, tous ces grands talents n'ont pu effacer dans ma mémoire la *Messe de Noël chantée dans l'exil.*»

Les ritualistes Anglais sont excusables jusqu'à un certain point de s'imaginer qu'ils sont catholiques, puisqu'on célèbre encore dans leurs églises des cérémonies qui remontent à huit siècles et ont survécu à tous les changements que le protestantisme a introduits dans l'Eglise anglicane.

Au premier rang de ces cérémonies, il faut mettre l'offrande de l'or, de l'encens et de la myrrhe, que la Reine d'Angleterre fait tous les ans, le jour de l'Épiphanie, à l'instar des Rois Mages.

Cette coutume remonte à la plus haute antiquité. Pendant plus de huit cents ans, les souverains anglais venaient présenter leur offrande en personne, et cet usage ne prit fin que sous le règne de Georges III, la princesse Caroline étant morte la veille de l'Épiphanie. Depuis ce temps, le souverain est représenté par deux gentilshommes de sa Chambre.

La cérémonie a lieu dans la chapelle royale du palais de Saint-James, et voici comment on y procède. On commence par réciter la prière du matin; après quoi l'évêque protestant de Londres, assisté du sous-doyen de la chapelle royale, célèbre le service de communion. Après la récitation du symbole de Nicée, les dix enfants de choeur de la chapelle royale, dans leur pittoresque costume écarlate avec des collerettes blanches, entonnent l'antienne: «J'ai prié pour obtenir de vous la sagesse.» Alors les deux gentilshommes de la Chambre, en habit de Cour, l'épée au côté, précédés d'un huissier portant une verge d'argent, s'avancent vers l'autel.

L'évêque de Londres vient au-devant d'eux et leur présente un plat en vermeil sur lequel ils déposent les offrandes de la Reine. Celles-ci sont renfermées dans un sac en soie rouge, brodé d'or, et consistent en trois paquets en papier blanc scellés avec de la cire rouge. Les deux premiers paquets contiennent de la myrrhe et de l'encens; dans le troisième sont vingt-cinq souverains en or tout nouvellement frappés, qui sont distribués à des pauvres des paroisses voisines. C'est depuis 1859 que des pièces de monnaie ont été substituées aux feuilles d'or battu qui formaient la troisième offrande. Leur mission terminée, les gentilshommes de la Chambre se retirent avec le même cérémonial observé pour leur arrivée et l'office s'achève avec la plus grande solennité.

ALLEMAGNE

La fête de Noël en Allemagne *Weihnachten*[20] (la nuit sainte) est aussi populaire qu'en Angleterre, mais elle a un caractère plus grave et plus religieux.

> **Note 20:** (retour) Ancienne forme plurielle aujourd'hui inusitée, excepté dans quelques cas très rares.

Des enfants, petits anges ou petits bergers, forment des processions et traversent les villages en chantant des hymnes pastorales. Souvent on y voit la Madone, saint Joseph, saint Nicolas avec sa longue barbe et portant la crosse à la main, saint Martin monté sur un cheval blanc, et toujours y figure le *Knecht-Ruprecht*, terreur des enfants méchants et joie des enfants sages auxquels il apporte des présents.

Dans quelques campagnes, on joue encore les *Mystères de Noël* avec une naïveté charmante. Dans les pays catholiques, la Messe de minuit est célébrée en grande pompe.

Dans plusieurs villages, les chanteurs s'assemblent au haut de la tour de l'église, à l'aurore, le jour de Noël. Les habitants sont réveillés aux chants de:

> O du fröliche. O du selige
>
> Gnadenbringende Weihnachtszeit!
>
> O joyeuse, ô bienheureuse
>
> Nuit de Noël, si féconde en grâces!

retentissant dans l'air calme du matin.

Les archéologues prétendent que la plupart des coutumes de Noël, qui existent en Allemagne, eurent leur origine dans les vieilles et sombres forêts de la Germanie, alors que les Teutons adoraient Wuotan, l'Odin Scandinave, et son épouse Berchta, la Terre-Mère. Il y a encore, en Allemagne, des districts où Wuotan, avec son chapeau enfoncé sur le front, son manteau gris, et monté sur son cheval blanc, visite les chaumières des paysans. Avant sa visite, le feu a été soigneusement éteint dans le foyer, mais Wuotan le rallume: il préfère mettre le feu à une bûche de chêne. La bûche de Noël doit brûler sous la cendre, elle ne doit pas flamber et dans l'Allemagne du Sud, les cendres sont gardées soigneusement et répandues dans les champs pour assurer leur fertilité.

Après la Messe a lieu le *Mettenwurst* (réveillon): tous les membres de la famille sont réunis. De ce repas, coutume touchante, on enlève les restes qu'on place dans une salle éclairée toute la nuit: c'est la part du Christ et des Anges. Inutile de dire à qui cette part est destinée.

Le plat favori de Noël pour le paysan est une tête de porc à laquelle on ajoute des saucisses et des choux-verts.

Même les bestiaux ont part au festin de Noël: leur ration de foin est doublée. Dans certains districts, on croit que les bestiaux ont le don de la parole, au moment où la grande fête commence dans l'univers. Celui, paraît-il, qui est doué «de la bonne oreille», peut les entendre parler doucement, tout en ruminant, de la Crèche dans laquelle le Christ naquit. Il ne faut pas seulement avoir «la bonne oreille» pour entendre parler les bestiaux, il faut aussi n'avoir aucun péché sur la conscience.

Il est de tradition, à la Cour de Berlin, que chaque veille de Noël, le capitaine en second de la Ire compagnie du Ier régiment de la garde à pied offre au souverain un gâteau de miel. Le prince impérial et les autres fils de Guillaume II recevront des gâteaux semblables, de la Ire compagnie du Ier régiment de la garde. Seulement, tandis que les gâteaux du souverain et du prince héritier mesurent 35 X 2l X 8 centimètres, comme dimensions, les gâteaux des autres princes ont seulement 30 X 18 X 5 centimètres.

Jadis, ces gâteaux étaient fabriqués à Thorn, mais depuis quelques années c'est à un pâtissier de Potsdam que ce travail est confié. Le gâteau de Noël est glacé, il porte l'étoile de la garde et une inscription dédicatoire. L'Empereur Guillaume ne manque jamais la cérémonie de la remise du gâteau et il retient à dîner les officiers chargés de cette agréable mission.

La veille de Noël, toute la terre germanique est en liesse, sur les bords du Rhin, comme sur les bords du Danube et de l'Elbe; de Mayenne à Vienne[21], de Koenigsberg à Munich, il n'y a pas une famille qui n'ait revêtu le costume des jours de fête.

> **Note 21:** (retour) Dans une grande partie de l'Autriche, les coutumes de Noël sont absolument les mêmes qu'en Allemagne.

La *Noël des enfants* a une telle importance qu'on la prépare longtemps à l'avance. Sur les places de la plupart des villes s'élèvent des maisonnettes en bois aussi élégantes de forme que bariolées de couleurs éclatantes. Les marchands étalent aux yeux de la foule, avec goût et coquetterie, tous les objets qui peuvent servir de présents aux enfants. Les jouets de Nuremberg[22] sont les plus recherchés: poupées de toutes sortes, qui en bergère, qui en grande dame, qui en cuisinière, qui en paysanne; polichinelles de toutes les grandeurs, soldats de plomb, canons, fusils, sabres et tambours.—Plus loin se tient la pâtissière hambourgeoise, avec ses gauffres croquant sous la dent, et ses pains d'épices si joliment travaillés en chiens, chevaux, chats, moutons.—Puis les jeux de toutes les variétés: agathes, toupies, cerceaux à sonnettes, jeux de l'oie, jeux de patience... Les parents y conduisent leurs enfants et tâchent de saisir dans un regard, dans une parole, l'expression de leurs désirs. Discrètement ils achètent l'objet convoité et le distribuent au moment opportun, à l'occasion de Noël.

> **Note 22:** (retour) Les articles de Nuremberg sont très renommés: on les voit exposés au Musée National de Munich. Ils sont fabriqués en grande partie dans la Forêt Noire au centre de laquelle se trouve Triberg, un des sièges principaux du commerce des horloges connues sous le nom de *coucous*.

Mais ce qui, en Allemagne, domine toutes les réjouissances populaires, ce qui fait de Noël la fête des enfants et le jour des étrennes, c'est l'arbre de Noël (*Weihnachtsbaum*)[23]. Nulle part, il ne se présente sous des formes plus captivantes et avec des présents aussi appréciés.

Pour piquer la curiosité des enfants et leur faire regarder comme mystérieux, quasi miraculeux, les dons de Noël, le père leur raconte que le Bonhomme Noël (*der Weihnachtsmann*) passe le reste de l'année au sein de la montagne, entouré de toute une Cour de *nains*. Chaque nuit, l'un de ces nains monte la garde à la fente du rocher qui sert d'entrée et un autre nain vient le remplacer à l'aube du jour suivant. Au bout de trois cent soixante gardes, le dernier rentre en criant: Voici bientôt Noël. Alors, le *Weihnachtsmann* et sa Cour sortent de leur repos. Ils vont dans la forêt armés de scies et de haches. Avec ardeur ils coupent les sapins[24] destinés à la fête, et ils les décorent avec la neige qui couvre le pays et avec les glaçons qui pendent aux arbres. Puis il les placent sur des traîneaux et les conduisent dans leur palais souterrain; là, ils les ornent de bougies, de pommes d'or, de noix, de bonbons. La nuit de Noël venue et les étoiles allumées au ciel, le Bonhomme Noël parcourt en traîneau les villages environnants pour s'informer si les enfants sont sages; il s'en assure en regardant par les fenêtres. S'il en est ainsi, vite il descend dans sa demeure, y prend un beau sapin tout couvert de présents et l'apporte à la maison[25].

Dans certaines familles, sur le conseil de la mère, les enfants écrivent, la veille de Noël, une lettre à l'Enfant Jésus, afin de solliciter les objets qu'ils désirent: un couteau, une balle, une bicyclette, des histoires d'Indiens... souvent la liste est interminable. Pourquoi se restreindre? L'Enfant Jésus est si riche!

Voici la nuit de Noël: dans les rues s'illuminent çà et là quelques maisons; on y entend des rires d'enfants. C'est le moment.

Un son de clochette retentit dans la chambre, c'est le signe attendu. Les deux portes du salon s'ouvrent toutes grandes. Quelle magnificence! Quelle richesse! Éblouis, les enfants s'arrêtent une minute, puis s'élancent en avant. Le voici le sapin entrevu dans leurs rêves, mais plus beau, plus brillant. Ses branches atteignent le plafond. Sur chacune d'elles il y a des bougies bleues, vertes, jaunes; des pommes aux joues rouges et des noix d'or; des gâteaux, des massepains pendent à côté. Des boules de verre colorié[26], des guirlandes multicolores, des étoiles d'argent, des croissants d'or brillent dans la lumière. Il y a même de la neige sur l'arbre, mais ce n'est pas de la vraie, c'est de la ouate blanche. Joyeux, des oiseaux et des papillons artificiels se balancent sur les branches. Oh!... et ces groupes d'Anges! Quelle splendeur! Des fils rouges, bleus, verts, jaunes, grimpent de branche en branche jusqu'à la cime. Au sommet plane l'Ange de Noël avec ses blonds cheveux et ses ailes pleines de lumière.

> **Note 26:** (retour) Ces objets en verroterie se fabriquent principalement à Lauscha, en Thuringe. Chaque année, il en est expédié des quantités considérables dans toute l'Allemagne. Les fabricants en donnent 200 ou 300, selon la grosseur, pour la somme de 3 à 5 marcs (3 fr. 75 à 6 fr. 25).

Au pied de l'arbre sont les cadeaux. Des poupées, des berceaux, des ménages, pour les petites filles; des trompettes, des soldats de plomb, des fusils, des tambours, pour les petits garçons. Les cris de joie ne finissent pas. «Vois, les belles images de mon livre!—Tiens, tiens! mon cheval a une vraie crinière!»

Alors la mère se met au piano, les enfants se prennent la main et chantent le vieux cantique si populaire: *Stille Nacht, heilige Nacht*, que nous traduisons, littéralement:

I

Nuit silencieuse, ô sainte nuit!

Tout dort: seul veille encore

Le couple tendre et très saint[27];

Bel enfant aux cheveux bouclés,

Dors dans ton calme céleste. (Bis.)

Note 27: (retour) Marie et Joseph.

II

Nuit silencieuse, ô sainte nuit

Annoncée d'abord aux bergers

Par l'*Alleluia* des Anges,

La nouvelle se répand à l'entour:

Le Christ, le Sauveur est là. (bis.)

III

Nuit silencieuse, ô sainte nuit!

Fils de Dieu, comme l'amour

Rit sur ta bouche divine.

Quand sonne pour nous l'heure du salut.

Christ, par ta naissance! (bis.)

Puis ce sont des épanchements d'amitié, des remerciements sans fin, la joie brille dans tous les regards, les plus secrets désirs ont été devinés.... Noël est le plus beau jour de l'année.

Enfin, grand'mère fait une lecture dans la Bible. D'une voix tremblante et pieuse, elle lit l'histoire du Sauveur qui naquit dans une étable et qui fut mis dans une crèche. Les enfants écoutent cette histoire qu'ils connaissent déjà et qui chaque année cependant leur paraît plus belle.

Quelquefois, on enferme, la veille de Noël, un arbre chargé de petits cierges, de bonbons, de pommes et de jouets dans une armoire, qu'on ouvre à l'instant où l'on s'y attend le moins, pour donner aux enfants le plaisir de la surprise. Goëthe, dans son roman célèbre de Werther, fait allusion à cette coutume. Entourée de ses petits frères et de ses petites soeurs, Charlotte dit à l'un d'eux, cachant son inquiétude sous un agréable sourire: «Tu auras, si tu es sage, une bougie de couleur et *quelque chose avec.*»

Dans quelques familles, c'est encore l'usage qu'avant la distribution des présents se montre le *valet Rupert*[28] (*Knecht Ruprecht*) ou *Nicolas le Velu.*

> **Note 28:** (retour) Cet usage tend à disparaître; les petits enfants s'en font peur et leur santé peut en souffrir; les grands n'y croient plus.

Dans la croyance populaire, ce *Knecht Ruprecht* est le même que saint Nicolas (ou le *Santa Claus* des Anglais). Il est bien connu dans toute l'Allemagne Centrale et l'Allemagne du Nord. Il revêt un habit de fourrure et une barbe très épaisse couvre sa figure, un large bonnet à longs poils orne sa tête. Il porte sur le dos un sac plein de jouets et de friandises et dans sa main une baguette, car une partie de sa mission consiste à châtier les enfants méchants. Il est maintenant le messager du Christ-Enfant, bien qu'il doive son origine à des coutumes païennes.

Dans d'autres parties de l'Allemagne, saint Nicolas et saint Martin sont les messagers de l'Enfant Jésus. Saint Martin est le fameux évêque de Tours et Saint Nicolas le non moins fameux évêque de Myre en Lycie. Leurs fêtes tombent vers le temps de Noël[29] et c'est probablement la raison pour laquelle leurs noms sont mêlés aux réjouissances de cette fête. En Allemagne, les catholiques ont adopté saint Martin et les protestants saint Nicolas, mais ils ne sont ni l'un ni l'autre séparés de l'Enfant Jésus. Dans les pieuses familles allemandes on rappelle aux enfants que ce n'est pas saint Martin ou saint Nicolas, avec ses dons matériels, qui est le principal visiteur pendant la sainte veillée, mais l'Enfant Jésus qui vient plus tard avec ses grâces divines. Dans les demeures où la venue de l'Enfant Jésus est représentée, Il entre avec un coeur de pain d'épices dans sa main, symbolisant le coeur renouvelé qu'il apporte à tous ceux qui l'attendent. De leur côté, les enfants tiennent un verre de vin pour rafraîchir l'Enfant Jésus et une botte de foin pour l'âne sur lequel Il est monté. Quand Il apparaît, ils chantent un Noël enfantin des plus charmants:

Christkindele, Christkindele,

Komm doch zu uns herein!

Wir haben ein Heubündele

Und auch ein Gläsele Wein.

Das Bündele fürs Esele,

Für's Kindele das Gläsele,

Und beten können wir auch.

Cher petit Enfant Jésus.

Descends donc chez nous!

Nous avons une botte de foin

Et aussi un verre de vin.

La botte est pour l'âne

Pour l'Enfant le verre.

Et nous savons aussi prier.

Note 29: (retour) La fête de Saint-Martin est le onze Novembre et la fête de Saint-Nicolas le six Décembre.

Le *Knecht Ruprecht* est souvent représenté par quelque ami de la maison qui, pour n'être pas reconnu des enfants, porte, comme nous l'avons dit plus haut, un bonnet de fourrure, une longue barbe et un grand bâton. Cet usage est ainsi raconté dans le *Journal des Voyages*:

«Le soir du vingt-quatre Décembre, dans une chambre bien éclairée, est disposé l'arbre de Noël orné d'objets et de friandises; les enfants sont partagés entre l'espérance et la crainte.... Tout à coup on entend une clochette, la porte s'ouvre et *Christkinde*30[1] paraît: c'est une jeune femme vêtue de blanc et coiffée d'une perruque de chanvre[31]. Sa figure est enfarinée pour la rendre méconnaissable, et elle porte sur la tête une couronne; d'une main elle tient une clochette, et de l'autre une corbeille pleine de bonbons.... Soudain un grand bruit de ferrailles se fait entendre et bientôt apparaît *Nicolas le Velu*, le corps couvert d'une peau d'ours. Sa figure toute noire est encadrée d'une grande barbe; d'une voix grave et vibrante, il demande quels sont les enfants méchants.... Alors les bons parents interviennent, plaidant en faveur des petits coupables, implorant pour eux l'indulgence, et promettant, en leur nom, une conduite exemplaire pour l'avenir.... Le démon est chassé du logis; et bientôt l'on n'entend plus que des rires sonores et des applaudissements enfantins autour de l'arbre de Noël, objet de toutes les convoitises.

> **Note 30:** (retour) *Kindel* petit enfant, *Christkindel*
> petit Enfant Jésus.

> **Note 31:** (retour) Les Allemands sont caractérisés
> par les cheveux blonds clairs et les yeux bleus.

Pendant la guerre de 1870, ce ne fut pas l'un des moindres sujets d'étonnement pour les paysans français envahis, que de voir Prussiens, Bavarois, Saxons, Wurtembergeois, etc., et les uhlans euxmêmes, se grouper fraternellement autour de petits sapins agrémentés de lumières et chanter des choeurs glorifiant la venue du Messie. — De nombreux soldats bavarois, logés au Petit Séminaire d'Orléans, à La Chapelle-Saint-Mesmin, demandèrent une des salles d'étude et y élevèrent leur arbre de Noël. Ils firent entendre leurs plus beaux chants en l'honneur de l'Enfant Jésus, et écoutèrent avec un profond recueillement une allocution très éloquente de leur aumônier militaire.

A l'occasion des fêtes de Noël, les officiers allemands accordent des congés aux soldats placés sous leurs ordres. Mais il faut compter avec les exigences du service: tout le monde ne peut pas être envoyé «en permission». Après le départ des privilégiés qui passent la fête de Noël dans leurs foyers, il reste encore un grand nombre de soldats «au quartier».

Or, en vertu du principe qui déclare que le régiment est une «seconde famille», les chefs cherchent à les récréer en cette fête solennelle.

L'avant-veille de Noël, chaque *Hauptmann* (capitaine) reçoit de la commission des ordinaires, une somme d'environ cent marks (cent vingt-cinq francs), destinée à l'achat d'un arbre de Noël.

Le soir du vingt-quatre Décembre, on installe un beau sapin tout hérissé de petites bougies, dans la chambre la plus vaste du casernement affecté à la compagnie: des tables sont dressées autour de l'arbre et tendues de nappes bien blanches sur lesquelles s'alignent des paquets de cigares, enveloppés de chauds tricots de laine, des *Pfefferkuchen* (pains d'épices) autour desquels s'enroulent des paires de bretelles, des chaussettes, des ceintures de gymnasque; aux extrémités et servant d'encadrement des pipes, des photographies, des portraits de l'Empereur, etc.

Au fond de la salle, un tonnelet de bière chevauche majestueusement sur un chevalet improvisé.

La nuit est venue. Déjà, depuis un instant, le capitaine est arrivé avec ses officiers et attend dans la chambre du chef.

La commission des sous-officiers et soldats chargés de préparer la fête fait son entrée. Le sergent-major s'avance et dit:

— Mon capitaine, tout est prêt.

— Très bien. Et le tonnelet de bière?

— Il est en place, mon capitaine.

— Parfait. Voulez-vous faire venir «les hommes.»

Cinq minutes après, toute la compagnie est là. Un profond recueillement plane sur l'assistance. Le capitaine entre alors dans la salle et aussitôt les soldats entonnent le choral:

> *O du fröhliche, o du selige,*
>
> *Gnadenbringende Weihnachiszeit*
>
> *Welt ging cerloren: Christ ist geboren*
>
> *Freue dich, freue dich, du Christenheit.*
>
> O joyeux, ô radieux.
>
> O salutaire Noël,
>
> La Terre était perdue, le Christ est né,

Réjouis-toi, réjouis-toi, ô Chrétienté!

Le chant terminé, le sergent-major dépose dans un casque un nombre de numéros égal à celui des hommes présents. Chaque troupier, à son tour, vient en tirer un et prendre ensuite possession du cadeau correspondant.

L'opération du tirage au sort est achevée. Le tonneau est mis en perce. Le capitaine, verre en main, se porte au centre; après un petit speech de circonstance, il termine par ces mots:

—*Auf cuer Wokl, Leute; ich wünsche euch allen ein frohes Fest.*

(A votre santé! les hommes (mes amis), je vous souhaite à tous de passer joyeusement la fête.)

Au bout de quelques minutes, après avoir causé amicalement avec les soldats, le *Hauptmann* se retire pour donner aux sous-officiers ses étrennes *personnelles*.

Un trait patriotique, extrait d'un journal allemand[32], nous permet de compléter tout ce que nous avons dit des coutumes de Noël dans les pays d'Outre-Rhin.

> **Note 32:** (retour) C'est la *Fraukfurter Zeitung*, la *Gazette de Francfort*, qui raconte ce trait ravissant, plein de patriotisme et de souffle religieux.

C'était en 1870, pendant le siège de Paris. La nuit était glaciale et des milliers d'étoiles perlaient au firmament. Français et Allemands étaient si rapprochés que, d'un poste à l'autre, on entendait claire-ment retentir les appels et résonner les armes sur le sol durci par une gelée des plus intenses.

Il pouvait être minuit. Tout à coup un soldat français, après avoir demandé la permission à son capitaine, gravit le fossé et s'avance de quelques pas vers l'ennemi. Là, il s'arrête, salue militairement, et d'une voix puissante et grave, à pleins poumons, il entonne:

> Minuit, chrétiens, c'est l'heure solennelle
> Où l'Homme-Dieu descendit jusqu'à nous...

Cette apparition était si inattendue, si mystérieuse, cette voix vi-brait si harmonieusement dans le calme de la nuit, ce chant magistral empruntait aux circonstances une telle grandeur, une telle beauté que tous—raconte le capitaine de mobiles témoin du fait[33]—parisiens sceptiques et railleurs, nous étions suspendus aux lèvres du chanteur.—Et du côté des Allemands, l'impression devait être la même, car on n'entendit pas le moindre bruit d'armes, pas la moindre parole.

> **Note 33:** (retour) Le capitaine X***, d'un bataillon de mobiles de Paris, a raconté lui-même le fait: le chanteur appartenait à l'un des grands théâtres de la capitale.

Quand les derniers mots du cantique d'Adam:

> Peuple, debout! Chante la délivrance!
> Noël! Noël! Voici le Rédempteur!

eurent retenti au milieu du silence général, comme un coup de clairon «qui sonne la victoire», le soldat rentra au poste où il fut acclamé par tous ses camarades.

Mais aussitôt après, du côté des Allemands, un soldat apparaissait à son tour: c'était un superbe artilleur, casque en tête. Il s'avança, comme le français, de quelques pas et salua militairement avec la raideur propre aux soldats de son pays. Là, entre ces deux armées d'hommes qui jusqu'alors ne songeaient qu'à s'entr'égorger, il entonna, à son tour, en allemand, un beau cantique de Noël, hymne de reconnaissance et de foi à Jésus Enfant, qui naquit, il y a dix-huit siècles, et vint prêcher aux hommes l'amour de leurs frères.

Pas un bruit, pas un mouvement hostile du côté des Français ne vint troubler la voix du chanteur allemand. Quand, avec une émotion toujours croissante, il eut redit les dernières paroles du refrain:

> Weihnachtszeit! Weihnachtszeit[34].

le poste allemand tout entier le reprit en choeur.

> **Note 34:** (retour) Temps de Noël! Temps de Noël!

Et dans nos retranchements, le poste français répondit d'une seule voix: Noël! Noël! Vive Noël!

Un instant, les deux armées ennemies furent ainsi confondues dans une pensée commune de cordialité et de paix. L'idée de Noël, avec le souvenir de ses fêtes familiales et de ses enseignements divins, avait ainsi transformé ces hommes et mis dans leurs coeurs les sentiments de la plus fraternelle charité[35].

> **Note 35:** (retour) On nous écrit qu'un fait à peu
> près semblable se serait passé à la tranchée de la
> Plâtrière, près de Choisy-le-Roi.

NOËL
DANS
LES PAYS DU MIDI

ITALIE — NAPLES — SICILE — ESPAGNE

«Noël! Noël! jour d'espérance et d'amour, s'écrie un écrivain étranger; est-il un peuple dans le monde chrétien chez lequel le retour de cette fête ne soit célébré par des usages, des jeux, des chants et des traditions qui varient selon le sol et le climat, prenant les teintes du caractère national, gais ou sombres, tristes ou folâtres, suivant qu'ils ont été créés par une imagination vive ou mélancolique et plus ou moins amie du mystère?»

En effet, les conditions du milieu ont une action prépondérante sur les réjouissances populaires. Dans les pays du Midi où le soleil brille de tous ses feux sous un ciel d'azur dont aucune vapeur ne vient ternir l'éclat, où l'on jouit des nuits étoilées, des vents de mer à la tiède et caressante haleine, la vie est pour ainsi dire tout entière au dehors, tandis que, dans les pays du Nord, où sévit le froid, la neige, la glace et la bise mordante, les habitants se renferment des mois entiers dans leur demeure et se groupent autour de l'âtre où flamboie et pétille la grosse bûche de la forêt.

De là, en Italie et en Espagne, les coutumes de Noël sont plus extérieures, plus bruyantes, en un mot, l'expression d'une joie plus expansive et toute méridionale. Elles n'en ont pas moins le caractère essentiellement religieux qu'on rencontre dans les pays du Nord.

ITALIE

Saluons d'abord Rome, la ville des Césars, la capitale du monde catholique, la résidence du Souverain Pontife. Nous avons eu le bonheur de la visiter à différentes époques et parfois nous y avons fait un assez long séjour. Nous ne l'avons jamais quittée sans emporter un ardent désir de revoir cette cité à jamais illustre où tous les peuples ont passé, où toutes les gloires ont brillé, où toutes les imaginations cultivées ont fait, au moins de loin, un pèlerinage.

Au touriste elle offre les grandioses monuments de l'antiquité romaine, cirques, aqueducs, obélisques, fontaines, forums, arcs de triomphe. Ses nombreuses églises sont d'une richesse incomparable, ses musées remplis des plus beaux chefs-d'oeuvre de la sculpture, de la peinture et de la mosaïque; dans ses palais somptueux sont prodigués l'or, le marbre et les fresques des grands Maîtres.

Le chrétien y vénère les corps des saints Apôtres, dans chaque église les reliques insignes de quelque grand saint; il baise avec une émotion mêlée de larmes la poussière du gigantesque Colisée toute imprégnée du sang des martyrs; il pénètre avec recueillement et piété dans les immenses souterrains des catacombes où il sent revivre en lui tous les souvenirs des premiers âges.

Le savant, l'érudit y trouve les plus riches bibliothèques et les documents les plus authentiques sur l'origine de l'Église et son histoire à travers les siècles.

Rome nous est chère à un point de vue plus spécial. C'est là que de tous les pays d'Occident et d'Orient, d'Amérique et des îles viennent de jeunes ecclésiastiques pour y compléter leurs études. Ils suivent les cours des professeurs les plus éminents et ils s'efforcent de conquérir les grades les plus élevés en théologie et en droit canon. Ils ont bien voulu nous adresser des notes sur les coutumes de Noël dans leurs pays respectifs. Nous ne savons comment leur témoigner notre gratitude[36].

> **Note 36:** (retour) M. l'abbé B***, de la Procure de
> Saint-Sulpice, à Rome, a été bien des fois, pour
> nous, le plus intelligent et le plus dévoué des in-
> termédiaires et des correspondants.

Tout le mois de Décembre sert, à Rome, de préparation à la fête de Noël.

Au retour de l'Avent, apparaissent les gracieux bergers qu'on appelle Pifferari, c'est-à-dire joueurs de fifre, du mot italien piffero, fifre, parce qu'autrefois le fifre était leur instrument de prédilection. Après avoir passé le reste de l'année sur les montagnes dont la ville de Rome est environnée, ils descendent dans les rues et viennent annoncer la grande fête populaire[37]. C'est une des plus naïves et des plus touchantes traditions des siècles de foi. Ils sont ordinairement par groupes de trois: un vieillard, un homme d'âge mûr et un enfant. Ils rappellent ainsi une ancienne opinion qui ne compte que trois bergers à la Crèche.

> **Note 37:** (retour) Ils viennent surtout de la Sabine
> et des Abruzzes.

Ils vont par les rues, jouent de leurs instruments champêtres dont ils accompagnent leurs chants. Ces airs innocents, qui rappellent le grand mystère de Bethléem et le retour des jours joyeux, éveillent dans la plupart des fidèles des sentiments de foi et de piété. — On dit qu'ils représentent les heureux pasteurs qui se rendirent à la Crèche pour vénérer l'Enfant Jésus et en réalité l'usage de ces neuvaines de chants préparatoires à la fête de Noël est immémorial.

Leurs instruments sont simples comme tous ceux des bergers: c'est le hautbois, instrument à vent et à anche, dont le son clair et perçant est à la fois sourd et plaintif surtout dans les notes basses; c'est la cornemuse, instrument de musique champêtre, auquel on donne le vent avec un soufflet qui se hausse ou se baisse par le mouvement du bras, horrible ensemble de peaux tendues et gonflées qui donne des sons nasillards mais pleins d'une mélancolique suavité[38]; c'est le fifre, sorte de petite flûte d'un son aigu; le chalumeau et plus rarement le triangle.

> **Note 38:** (retour) Le *biniou* des Bretons est une
> sorte de cornemuse. Les *Highlanders* (montagnards
> d'Écosse) l'appellent *pibroch*: elle est en usage dans
> certains régiments écossais: c'est le *bagpipe* (in-
> strument à outre et à tuyaux.) Dans les campagnes
> de la Sologne et du Berry, on donne quelquefois à
> la cornemuse le nom de *chèvre*, parce que l'outre de

cet instrument est souvent faite avec la peau de cet
animal.

Le costume des *Pifferari* est en harmonie avec leur pieuse *canzonetta* (cantate, chansonnette). Un chapeau tyrolien en pointe orné d'une aigrette ou de rubans multicolores et penché sur l'oreille, une veste courte, un manteau en grosse bure marron ou bleue, une culotte en peau de brebis ou de chèvre, des chaussures terminées par une semelle qui se rattache sur le pied avec des courroies; ajoutez à cela de longs cheveux noirs qui descendent sur les épaules, une belle barbe, des yeux vifs, un front élevé, une marche lente et incertaine et vous aurez une idée de ce costume et de ce type remarquable[39].

Note 39: (retour) Monseigneur Gaume, *les Trois Rome*. Tom. I. p. 190.

«Nous avons rencontré dans les rues de Rome, aux approches de Noël, ces artistes ambulants. Qu'ils sont beaux à voir surtout ces enfants avec leur figure mélancolique, déjà grave et rêveuse, avec de grands yeux merveilleusement bleus, de ce bleu lumineux et transparent, limpide et profond qu'ont le ciel et la mer d'Italie, avec leurs chevelures aux boucles soyeuses pleines de reflets d'or. En les contemplant, on ne peut s'empêcher de penser à ces visages roses de chérubins légers, à ces têtes charmantes et douces où la lumière semble mettre une auréole et dont longtemps dans sa cellule eut rêvé à genoux Fra Angelico da Fiesole»[40].

Note 40: (retour) Paul Véron. de Pithiviers. —Ses ouvrages, en prose et en vers, écrits dans un style plein de charmes, révèlent l'esprit poétique et l'âme idéalement belle de notre excellent ami, décédé pieusement le Vendredi Saint 1888.

Les *Pifferari* s'acquittent avec conscience de la pieuse fonction que leur ont transmise leurs pères. Debout et tête nue, ils jouent devant les images de la Madone: devant elles ils font entendre leur *ninna nanna*[41]. On les loue pour des neuvaines, ou une sérénade, chaque jour, autant que durent les fêtes. Ils ne manquent jamais d'arriver à l'heure dite, d'autant plus allègres qu'ils satisfont tout à la fois la dévotion de leur cour et les besoins de leur bourse. Ils triomphent la veille de Noël, tant ils sont nombreux ce jour-là, tant leurs joyeux concerts effacent ceux des jours précédents.

Voici l'une des cantates qu'ils réservent pour la vigile de la grande fête:

> O Verginella, figlia di Sant' Anna,
>
> Nel ventre tuo portasti il buon Gesu,
>
> Gl' Angioli chiamarono: Venite, Santi,
>
> Andat a Gesu bambino alla capanna,
>
> Partorito sotto ad un a capanella,
>
> Dove mangiavan il bove e l'asinella.
>
> Immacolata Vergine, beata
>
> In cielo, in terra sii avvocata.
>
> La notte di Natale è notte santa,
>
> Questa orazion che vien cantata
>
> A Gesu, bambino sia representata.

Nous traduisons littéralement:

> O douce Vierge, fille de Sainte Anne, dans votre sein
>
> vous portâtes le bon Jésus. Les Anges ont crié: Venez.
>
> Saints, allez à la cabane de Jésus Enfant, né dans une
>
> petite étable[42] où mangeaient le boeuf et l'ânesse.

La dernière strophe est une touchante prière qui convient et à l'auguste Vierge et au mystère de ce jour:

O Vierge Immaculée, bienheureuse au ciel, soyez
notre
avocate sur la terre. La nuit de Noël est une nuit
sainte:
présentez à Jésus Enfant la prière que nous avons
chantée!

Quelquefois on rencontre, par les rues de Rome, de pauvres aveugles qui chantent en s'accompagnant de la mandoline ou de la guitare, des chansons à l'Enfant Jésus. Voici l'une des plus populaires:

Dormi, dormi nel mio seno.

Dormi, ó mio flor Nazareno;

Il mio cuor culla sara

Fra la ninna nanna na!

Dors, dors sur mon sein.

Dors, ô ma fleur de Nazareth;

sur mon coeur tu seras bercée

et tu feras la câline, dorlotée,

dorlotée[43].

Note 43: (retour) De nos jours, on voit encore, à
Rome, des groupes de musiciens, pendant le temps
de Noël, mais les gracieux instruments d'autrefois
deviennent de plus en plus rares: la plupart du
temps ils sont remplacés par de bruyants trom-
bones, de criardes clarinettes et le plus souvent ils
ne donnent leurs concerts que pour la *mancia* (les
étrennes).

Quelques jours avant Noël, on rencontre parfois des montagnards, vêtus de leur pittoresque costume, qui font danser des *marionnettes* au son de leurs instruments rustiques. Ces petits théâtres sur lesquels ils font mouvoir des figurines de bois ou de carton sont accueillis avec des cris de joie par les enfants. Ce sont pour eux les messagers célestes qui annoncent bonbons et jouets de toutes sortes: ils remplacent dans leur imagination le «Bonhomme Noël» tout emmitouflé des régions du Nord et ils ne sont pas attendus avec moins d'impatience.

Quel ravissant coup d'oeil offrent les magasins de Rome pendant la semaine de Noël. Les blanches Madones ornent les façades, ou resplendissent à l'intérieur au milieu des lumières. Les marchandises disposées sur des étagères avec un goût parfait, apparaissent dominées par une jolie statue de la Vierge qui, sur un trône de verdure et de fleurs, est vraiment la Reine de la maison: une lampe brûle, jour et nuit, devant elle.

De petites boutiques s'élèvent comme par enchantement le long de toutes les rues qui avoisinent le Tibre. Les enfants conduits par leurs parents se dirigent de préférence vers la place Saint-Eustache et vers la place Navone, remplies de magasins improvisés qui présentent un entassement de bonbons et de jouets de toutes sortes. Du matin au soir, c'est un véritable assaut de la part de tout un peuple d'acheteurs de sept à dix ans. Pour le Romain, Noël est vraiment le *capo d'anno*, le jour de l'an. C'est à Noël que les communautés échangent des *Agnus Dei* encadrés dans des reliquaires et même des gâteaux. Sous Pie IX encore, le Pape recevait les présents du Collège des Notaires apostoliques.

Pendant la nuit de Noël, on envoie à ses parents et amis des gâteaux de maïs qui ont été bénits par les prêtres des paroisses. Ces gâteaux sont plus ou moins grands, suivant l'importance du cadeau qu'on veut faire. Laisnel de la Salle rapporte[44] qu'une année le prince Borghèse en reçut un blasonné à ses armes qui ne mesurait pas moins de six mètres de largeur. Il en fit faire vingt-quatre énormes portions qui furent distribuées à autant de pauvres.

Note 44: (retour) *Croyances et légendes*, Tom. I. page 12.

Cette année (1904), la réception des cardinaux par le Pape au Vatican, pour la présentation des voeux, eut un caractère tout intime. La veille de Noël, chaque cardinal s'exprima verbalement en son nom: on ne lut point d'adresse, le Pape ne prononça pas de discours, mais s'entretint cordialement avec chaque cardinal. Le Souverain

Pontife reçut ensuite l'antichambre pontificale et les officiers de sa garde.

Mais l'objet le plus convoité par les enfants,—les meilleures étrennes—c'est un *presepio*. On nomme ainsi une Crèche en cire, contenant l'Enfant Jésus couché sur la paille, Marie et Joseph en adoration à ses côtés et, sur un plan éloigné, le boeuf et l'âne qui semblent réchauffer de leur haleine le Sauveur du monde. Il y a des Crèches de route grandeur, de tout prix: les plus attrayantes pour les petits Romains sont celles qui sont recouvertes d'un globe de cristal. Ils emportent triomphalement leur *presepio* et le placent avec honneur dans leur chambrette ornée à l'avance pour le recevoir. C'est devant lui que, chaque soir, toute la famille vient prier[45].

Note 45: (retour)

La plus belle Crèche de Rome se trouve toujours dans l'antique église de l'*Ara coeli*, au Capitole. Ces représentations de la Crèche sont ordinairement conservées de Noël à l'Épiphanie.—Autrefois, dans quelques églises, on les cachait le jour des Saints Innocents, en mémoire de la fuite de Jésus en Égypte.

Le célèbre peintre florentin Luca della Robbia se distingua dans la fabrication des Crèches en terre cuite.

Rappelons un gracieux et naïf usage qui existe à Rome et qui fait de Noël, comme partout ailleurs, la fête privilégiée des enfants: nous voulons parler des petits prédicateurs de l'*Ara coeli*.

Pendant les fêtes de Noël, on vient de tous les quartiers de la ville dans cette église dédiée à la Vierge Marie pour rendre ses hommages au *San Bambino*. Tout le monde le connaît, tout le monde vient se recommander à lui. Il n'est pas rare qu'on le conduise chez des malades désespérés et que des guérisons étonnantes soient produites par sa présence. Telle est à Rome sa renommée que ceux même qui, en 1849, opprimaient le Pape et outrageaient les prêtres, affectaient de le respecter et lui donnèrent la plus belle des voitures qui se trouvaient au Quirinal pour ses visites aux malades.

La statue du *San Bambino* est en bois d'olivier: sa robe est couverte de saphirs, d'émeraudes et de topazes, dons de la piété des fidèles. Un soleil tout en diamant étincelle sur sa poitrine, des colliers plus précieux les uns que les autres ornent son cou et tout cela en reconnaissance des nombreuses guérisons opérées au contact du *San Bambino* et constatées par des témoignages très authentiques. Il demeure exposé depuis Noël jusqu'à l'Épiphanie, dans une chapelle latérale admirablement décorée: il y est entouré de tous les personnages qui furent témoins du mystère de Bethléem.

Quand le moment est venu de le dérober aux regards, les Religieux Franciscains du couvent de l'*Ara coeli* le portent en procession sur le seuil de l'église et avec lui bénissent la foule.

Peu de cérémonies, à Rome, attirent un tel concours: les cent vingt-quatre marches qui conduisent à l'église, tous les degrés du Capitole, tous les balcons sont garnis de pieux fidèles qui attendent cette bénédiction comme une grâce des plus précieuses.

C'est en face du *San Bambino* que les enfants de Rome viennent prêcher. Au pilier voisin s'appuie une petite chaire: les jeunes orateurs de sept a douze ans s'y succèdent pour y célébrer, dans leur naïf langage, les louanges du petit Jésus.

Deux mois avant la fête, père, mère, frères et soeurs, tout le monde est en mouvement dans les familles. Les uns composent, les autres font répéter au jeune débutant son sermon de Noël.

«Lorsque j'arrivai, écrit Mgr Gaume, c'était une petite fille qui occupait la chaire: à en juger par sa taille, elle pouvait avoir huit ans au plus. Elle parlait avec beaucoup d'onction et de vivacité; le geste était naturel, le ton juste et varié..... La péroraison fut pathétique. L'orateur tomba à genoux, étendit ses petites mains vers le *Son Bambino*, lui adressa une naïve prière, puis donna sa bénédiction absolument comme l'aurait fait un vieux prédicateur»[46].

Note 46: (retour) Loc. cit. I p. 459.

Il n'est donc pas étonnant que, pendant huit jours, de dix heures du matin à trois heures du soir, il y ait foule à l'*Ara coeli*.

C'est ici qu'il faut parler d'un personnage imaginaire qui jouait autrefois un grand rôle dans les coutumes populaires de Noël en

Italie: il s'agit de la *Befana*[47].—Ce mot qui est évidemment une corruption de *Befania*. *Epifania* Épiphanie, veut dire *marionnette, fantôme*.

> **Note 47:** (retour) Voir le *Dizionario di Tradizione* de
> Moroni. Spain. Tom. IV, pag. 278-282.

On appelle *Befana* un mannequin habillé de haillons qu'on promène en Italie, la nuit de l'Épiphanie et qu'on s'amuse à suspendre aux fenêtres le jour même de la fête. Cet usage a presque complètement disparu.

Varchi et Béni représentent la *Befana* comme une vieille femme aux yeux rouges, aux lèvres épaisses, au visage furibond.

Jacques Grimm[48] dit que la *Befana* est une fée difforme, noire, laide, qui apporte des présents aux enfants. En Allemagne, ajoute-t-il, *Tante Arie* joue à peu près le même rôle. Sa légende serait originaire de Franche-Comté; elle assiste aux moissons, préside les fêtes rustiques, récompense les fileuses diligentes, fait tomber les fruits des arbres pour les enfants sages, et à Noël leur donne des noix et des gâteaux. Le titre de *tante* paraît avoir remplacé celui de *fée*, car c'est le nom d'une personne généralement bienfaisante.

> **Note 48:** (retour) Dictionnaire de Mythologie allemande, s. v. *Befana*.

En Italie, son rôle serait celui du «Bonhomme Noël» ou de «Croquemitaine» si redouté des enfants. S'ils ne sont pas sages, les parents les menacent de tout révéler à la *Befana*. Celle-ci donne des cadeaux aux enfants obéissants; aux méchants elle n'apporte que de la cendre et du charbon.

Comme les Rois Mages venaient de l'Orient et que l'un d'eux était noir, on raconte aux enfants que la *Befana* aussi est noire et qu'à cette époque, elle entreprend un grand voyage pour récompenser ou pour punir.

Parmi les cadeaux qu'on lui attribue à Rome, on remarque les pommes de pin dorées qui rappellent l'encens et l'or des Rois Mages.

En Toscane, elle est représentée comme une fée qui pénètre la nuit dans les maisons; elle emplit de bonbons et de joujoux, les souliers placés dans la cheminée. Les mamans et les gouvernantes menacent leurs *bambini* de la *Befana* qui n'est, disent-elles, ni tendre, ni généreuse pour les mauvais sujets.

Le cinq Janvier, veille de l'Épiphanie, vers dix heures du soir, la place Xavone, la plus vaste et la plus imposante de Rome après celle de Saint-Pierre, est illuminée *à giorno* et présente un aspect féerique. Des marchands forains y étalent leurs boutiques ambulantes chargées de friandises, de fruits et de jouets d'une variété infinie. On y installe même des pâtisseries et des cafés pour les parents, les parrains, les maîtres: ils y viennent en foule pour «régaler» leurs enfants, leurs filleuls, leurs élèves.

On crie, on danse, on tambourine, on agite des grelots et même des casseroles. On y vend surtout des trompettes de fer blanc appelées *Befane*[49]. Les enfants les achètent et s'en vont par les rues, soufflant toute la soirée et toute la nuit, et rendant tout sommeil impossible. Cette bruyante démonstration est, dit-on, à l'intention du roi Hérode qu'on veut punir de sa cruauté envers les Innocents.

> **Note 49:** (retour) La veille de Saint Jean-Baptiste.
> Le même bruit se produit, avec des clochettes
> qu'on vend sur la place du Latran.

Assurément Hérode et sa famille occupent une grande place dans l'esprit des Italiens. Un voyageur qui visitait, l'hiver dernier, les églises de Rome, au temps de Noël, voyait partout, dans les Crèches, l'Enfant Jésus couvert d'un voile épais. Comme il en demandait la raison, on lui répondit: «c'est pour le dérober aux fureurs d'Hérode».

D'après quelques auteurs[50], la *Befana* serait Salomé, fille d'Hérode, qui fit décapiter Saint Jean Baptiste. Son histoire fit grande impression sur l'imagination du Moyen Age et la légende s'en empara bien vite pour y mêler ses fables. Ainsi, quand, au fameux festin, on lui présenta la tête tranchée du Saint, elle voulut y déposer un baiser, mais la bouche lui souffla violemment à la figure et aussitôt elle disparut ensorcelée et fut condamnée à suivre le cortège des mauvais esprits[51].

> **Note 50:** (retour) Jacques Grimm. loc. cit.

> **Note 51:** (retour) Une autre légende raconte que la
> fille d'Hérode, en punition de son crime, eut la tête

tranchée par un glaçon, au moment où elle tra-
versait un fleuve dont la glace se brisa sous ses
pieds.

A la cathédrale de Gênes, pendant la Messe de minuit, au *Gloria
in excelsis*, tous les enfants de l'assistance sonnent un charivari de
clochettes de terre cuite qui ne convient guère à la sainteté du lieu.
—Ceci rappelle un peu les Messes solennelles des rites orientaux,
arménien, grec, etc., où la consécration s'accomplit au son des grelots que le diacre et le sous-diacre agitent de chaque côté du célébrant. Ces grelots sont attachés au bout d'un bâton de deux mètres,
qui porte à son extrémité une plaque ronde de cuivre ou d'argent;
ils rendent un son harmonieux par suite du mouvement qu'on leur
donne. Cet instrument s'appelle *quéchouez*[52].

> **Note 52:** (retour) Lebrun. *Explication des cérémonies
> de la Messe.* Tom. III.

D'ailleurs, pendant toute la veillée de Noël, ces mêmes clochettes
préludent à la fête, dans toutes les rues de Gênes, d'une assez amu-
sante façon.

Dans quelques villes d'Italie, on voit encore ce qu'on appelle *la ru-
ota della Befana*. C'est une ronde d'enfants avec des chants à tue-tête,
autour d'un grand feu de joie. Cet usage existe encore à Mandello
sur les bords du lac de Lecco. Un cortège nombreux, que précède
une musique barbare et une mascarade pittoresque, escortent la
Befana, la vieille qui porte la fleur de lys et la quenouille. D'après la
légende, elle vient, le jour de Noël, distribuer des jouets et des friandises aux enfants bien sages. La fête se termine sur la place du
village par un feu de joie dans lequel on brûle, en effigie, la vieille
femme qui doit renaître de ses cendres l'année suivante.

Dans ce même village de Mandello, le chef du peuple, *il capo del
popolo*, revêtu d'un costume spécial et entouré d'une foule nombreuse, offre une marmite de soupe fumante à l'Enfant Jésus que l'on
vénère dans une Crèche installée sur la grande place. Au pied d'un
autel improvisé, on dépose, sur un tapis, des jattes remplies d'eau,
que l'on vient reprendre le lendemain. Elles serviront de pieux présents aux amis, car cette eau passe pour avoir obtenu des vertus
particulières pendant qu'elle a séjourné devant la Crèche.

Dans la même région, au val di Rosa (Lecco), les gens du pays jouent encore, à l'occasion de Noël, des *Mystères* qui datent du Moyen Age. Ils représentent le cortège des Bergers et des Rois Mages, en costumes qu'ils sont fiers de porter, et montent, en chantant, sur les hauteurs voisines couvertes de neige. Un clerc ouvre la marche, tenant bien haut l'étoile lumineuse: rois et pasteurs suivent en ordre et se rendent à un *presepio* dressé dans un ermitage au sommet de la montagne.

En Toscane et en d'autres contrées de l'Italie, la bûche de Noël est en grand honneur. Quelquefois même dans le langage populaire, on désigne la fête de Noël par ce seul mot *Ceppo, la Bûche*. On bande les yeux aux enfants, puis ces derniers doivent tourner autour de la Bûche et la frapper à coup de pincettes en chantant la *canzonetta* dite l'*Ave Maria de la Bûche*. Ce chant a la vertu de faire tomber sur eux une pluie bienfaisante de jouets et de bonbons, selon la générosité des assistants [53].

Note 53: (retour) P. Fantani—*** s. v. Ceppo

NAPLES

La vue de Naples, de son golfe aux teintes d'azur, de ses rivages constellés de blanches villas, de ses promontoires pittoresques et du cône fumant du Vésuve, est un des spectacles les plus enchanteurs qu'il y ait au monde.

Nulle part Noël n'est plus animé qu'à Naples. Une sorte de rage de plaisir et de distraction s'empare de la population tout entière et pendant une période de huit jours, c'est un mouvement, un entrain, une sorte de *furia* dont rien ne peut donner l'idée.

La semaine qui précède Noël s'appelle, à Naples, la semaine des *bancarelle* (littéralement des *comptoirs*). En 1904, elle s'est terminée dans un «bain de lumière et d'azur» [54].

> **Note 54:** (retour) Nous empruntons quelques dé-
> tails aux journaux de Naples: nous nous efforçons
> de les traduire aussi littéralement que possible, af-
> in de conserver les nuances d'un style plein de dé-
> licatesse et d'originalité.

Une douceur de ciel printanier a souri à ces derniers jours de l'année, d'ordinaire si pluvieux à Naples: le bonheur des petits commerçants est donc complet. Les marchés de Noël ont eu depuis huit jours un aspect des plus attrayants comme tous les usages de cette population moitié orientale et moitié espagnole.

D'innombrables boutiques s'élèvent dans la grande rue centrale de Naples, *via di Roma, gia Toledo* (la rue de Rome, autrefois de Tolède[55]). Une foule en liesse la remplît et déborde dans les ruelles adjacentes, sur les places et sur les quais. Clameurs, joie universelle, portées au diapason le plus élevé, explosion gigantesque de bonne humeur et de félicité publique qui se nourrissent de gain bien minimes, préparés de longue main et impatiemment attendus. Toutes les familles bourgeoises se réapprovisionnent du nécessaire et parfois même du superflu. Les *bancarelle* sont une exposition aux formes les plus diverses, aux couleurs les plus variées et les plus vives: elles se tiennent sur les places, en plein air, au milieu de tentes roulantes qui s'élèvent par milliers et sur lesquelles l'esthétique du peuple napolitain range, en groupes bizarres, les objets les plus divers et les plus brillants.

> **Note 55:** (retour) Le gouvernement italien, au moment de l'annexion du royaume de Naples, a changé le nom de la grande rue de Tolède et l'a appelée, en 1870, rue de Rome. Mais, nous l'avons constaté, pour le peuple napolitain et la presse locale, c'est toujours la rue de Tolède.

Ce ne sont pas seulement des comestibles, des ustensiles en terre ou en verre, fabriqués sous les formes les plus fantastiques; ce n'est pas seulement pour la table que se dressent ces agréables bastions vivants, le long des trottoirs fourmillant de monde de la rue de Tolède, de la place Medina et de la place de la Liberté, la littérature même a ses autels, ses petits temples enguirlandés dans ce bruyant «abracadabra» du Noël Napolitain. Elles sont, en effet, innombrables les *bancarelle* où sévères et graves se trouvent rangés les livres, les opuscules, les in-folios anciens et miniatures, toutes les variétés et les sous-espèces du volume, et surtout des manuscrits qui coûtèrent tant de sueurs. Un public curieux et sympathique s'approche de ces montagnes de papier imprimé, et y cherche avec des regards studieux l'ouvrage désiré et peut-être ignoré du revendeur. Parfois pour quelques centimes on achète un livre d'une grande valeur, ou tout un lot de brochures au dos déchiré et aux pages en lambeaux.

Et aujourd'hui (Noël 1904), pour la première fois peut-être depuis vingt ans, grâce aux rayons bienfaisants d'un soleil de printemps, Naples peut montrer toute la beauté éblouissante de ses marchés «enveloppés d'un nimbe de joie». Toute la ville est aujourd'hui dehors: les étrangers en extase contemplent ce spectacle comme «une fascinante féerie».

Ce qu'il faut voir surtout, c'est le pittoresque *marché aux poissons* sur le quai de Sainte-Lucie. La veille de Noël, après avoir traversé un grand nombre de rues entre des trophées de verdure, des amoncellements de fruits, de compotes au vinaigre, de gâteaux, de liqueurs, on croirait que c'est la dernière journée où il soit permis de manger. Pour le souper, la carte de rigueur est la suivante: vermicelle au jus de poisson, *broccoli* fumants à l'huile, *capitone*[56] et poissons divers[57]. — Cent mille personnes au moins sont en mouvement pour préparer le succulent repas aux quatre cent mille autres qui se promènent oisives ou qui travaillent, en proie à la plus fébrile impatience.

> **Note 56:** (retour) Le *capitone* est le mets traditionnel et nécessaire du repas de Noël: c'est une anguille de rivière ou de mer, quelquefois Une murène à la chair blanche et laiteuse.

> **Note 57:** (retour) Les Napolitains les appellent *frutti di mare* (fruits de la mer), ce sont des huîtres, des crabes, des langoustes, des coquillages aux formes les plus variées.

A combien le *capitone*? Telle est la grande question du jour. En effet, quel est le Napolitain qui ne mange le *capitone* le soir de la veille de Noël?

Partout on entend crier: «*capitone viva, fricceca, stu capitone, a na lira e otto, capitone* vivant, il palpite encore ce *capitone*, à un franc quarante centimes».

Il faut aller visiter la rue Ste-Brigitte ou la rue Porto, le soir de la veille de Noël. C'est une scène fantastique digne du pinceau de Gherardo dell Notti. Qu'ils sont beaux à voir ces marins au teint bronzé, vieux loups de mer qui, sur leurs barques de pêche (*paranziello*), ont défié maintes fois les tempêtes et qui ont une voix de tonnerre habituée à se faire entendre au milieu du bruit des vagues. Ils sont là, debout devant leurs corbeilles entourées de cierges allumés, les manches de leur veste retroussées jusqu'au coude. Ils enfoncent de temps en temps leurs mains dans ces corbeilles remplies d'anguilles vivantes, ils saisissent les plus grosses, les font tournoyer en l'air et gesticulant avec toute leur vivacité méridionale, ils ont un faux air de charmeurs de serpents.

A chaque coin de rue les marchandes de Procida[58] et d'Ischia attirent l'attention par le curieux costume de leur île.

> **Note 58:** (retour) *Le jour de Noël*, à la Saint-Michel et le huit Mai, les femmes de Procida revêtent leur costume national: un vêtement rouge brodé d'or, et elles exécutent la danse du pays, la *tarantelle*.

Rien de plus animé, de plus vivant que le spectacle du port de Naples, la veille de Noël, vers le coucher du soleil. La foule y montre sa folle et insouciante gaîté, son intarissable faconde, sa verve spirituelle et bouffonne, les marchands y annoncent leurs denrées avec mille *lazzi*, les musiciens y donnent des sérénades et au milieu de cette cohue indéfinissable les *corricoli*, petites voitures où s'entassent de douze à quinze personnes, amènent de Portici et de Resina les ouvriers qui viennent souper en plein air, en face de la mer (à la napolitaine).

Oui, à Naples, Noël est bruyant et joyeux: clameurs et joie qui font oublier la désolante mélancolie qui court dans les vastes souterrains de cette bonne, généreuse et sympathique population. Qu'on ne croie pas cependant que Naples soit devenue, par enchantement «la ville du dollar»: Noël n'est pour elle qu'une «parenthèse de félicité et de splendeurs», à la fin d'une année qui a été souvent attristée par bien des privations.

En un mot, rien de vivant, de pittoresque, de sémillant comme ce peuple en délire sous «le beau ciel bleu de Naples, turquoise le jour, saphir la nuit».

Comment ne pas se rappeler ces beaux vers de Lamartine:

Sous ce ciel où la vie, où le bonheur abonde.

Sur ces rives que l'oeil se plaît à parcourir.

Nous avons respiré cet air d'un autre monde.

Elvire!... Et cependant on dit qu'il faut mourir[59].

Note 59: (retour) Tout le monde connaît ce vieux dicton que répète volontiers même le dernier des Napolitains: *Veder Napoli e dopo mori*, voir Naples et mourir.

Naples a aussi ses musiciens de Noël; ils viennent du fond des Abruzzes et des gorges de la Calabre: ils portent le nom de *Zampognari*. Il y a deux sortes de *Zampogna* en usage dans le midi de l'Italie et en Sicile.

C'est d'abord une cornemuse composée d'un sac de peau et de trois chalumeaux de différentes longueurs. Deux de ces chalumeaux donnent toujours le même ton; le troisième est susceptible de varier ses notes et rappelle le hautbois et la clarinette. La note continue du plus gros chalumeau s'appelle *bourdon*, elle est censée faire la basse; celle du second, donne ordinairement la dominante. Lorsqu'on entend de loin dans les montagnes ce singulier mélange de tons immuables avec les modulations de la mélodie, on croirait avoir les oreilles frappées par un tintement de cloches plutôt que par le son d'un instrument de musique.

Il y a aussi de petites *Zampogne* qui ne se composent que d'un simple chalumeau. Nous avons sous les yeux une gravure reproduisant le gracieux tableau du professeur Bechi de Rome. C'est un *Zampognaro qui s'exerce à jouer la cantilène de Noël*: son instrument, en effet, n'a pas d'outre et ressemble assez à un hautbois de petite dimension.

Les fonctions et les costumes des *Zampognari* sont à peu près les mêmes que ceux des *Pifferari* à Rome. Comme eux, ils ne s'embarrassent pas d'un bagage inutile. Un manteau de laine brune leur sert, pendant la nuit, tout à la fois de matelas et de couverture. Ces pauvres montagnards s'en vont de porte en porte et le peuple napolitain très pieux et très charitable leur demande des neuvaines devant l'image de la Madone ou devant la Crèche. L'argent qu'ils gagnent sert à nourrir leur famille pendant le reste de l'année.

A Naples, plus encore qu'à Rome, le *presepio* (la Crèche) joue un grand rôle dans les fêtes de Noël. Dans le sud de l'Italie, les Crèches sont nombreuses et dénotent parfois un véritable talent d'artiste. Au fond d'une grotte entourée de rochers, on aperçoit l'étable et la Crèche où naquit le Sauveur. Autour du *San Bambino* reposant sur la paille, de minuscules figurines de bois sculpté, revêtues d'habits patiemment confectionnés aux veillées d'hiver, représentent la Sainte Vierge et Saint Joseph en extase. A l'entrée, de petits chérubins pressent leurs têtes ailées pour regarder de plus près le nouveau-né. Puis c'est toute une procession de bergers qui viennent lui apporter leurs modestes présents.

Au sommet de la grotte brille l'étoile qui a conduit les Mages. Ceux-ci sont entourés de pages, d'hommes d'armes, d'écuyers, d'esclaves nubiens qui conduisent des chameaux. Ces figurines sont quelquefois d'un grand prix: il est des chèvres et des moutons signés *Vaccaro*, qui valent leur pesant d'or.

Un auteur dramatique a eu la passion de la Crèche: le napolitain dom Michel Cuciniello. Il avait rangé derrière de brillantes vitrines ses *pupazzi* (petites statuettes): il aimait à les faire admirer à ses visiteurs. On y voyait tout ce qui peut entrer dans la composition d'une Crèche, depuis l'Archange Gabriel jusqu'à l'humble paysanne apportant ses présents dans un panier, depuis Saint Joseph jusqu'au tavernier, depuis la Sainte Vierge jusqu'au roi nègre. Dom Michel offrit à la ville de Naples ce trésor d'art qu'on peut aller voir au Musée de la Chartreuse de San Martino.

Cette Crèche se trouve dans la grande salle attenante à celle de la Gondole de Charles III. A droite, s'élève la maisonnette du tavernier: plus haut, celle de la blanchisseuse; à gauche, un petit pont sur un torrent entre les troncs énormes de vieux chênes renversés: au centre, les colonnes brisées d'un temple en ruines; loin, bien loin, à perte de vue, la campagne; de petites collines verdoyantes s'estompent dans la brume, et au-dessus un ciel d'azur donne à cette scène à la fois profane et sacrée un aspect des plus grandioses.

La maisonnette du tavernier est une merveilleuse reproduction des moeurs napolitaines. On y voit ustensiles en cuivre, faisceaux d'herbages, animaux de basse-cour, mobilier complet, vases de fleurs.

Plus loin, sur la terrasse de la blanchisseuse, le linge étendu sur des cordes et séchant au soleil, la petite cage à la fenêtre: le tout d'une parfaite précision.

Là-bas, dans la plaine, on voit caracoler des chevaux que des palefreniers retiennent avec peine; plus loin, de riches paysannes dansent la *tarantelle* au son des guitares.

Qu'elle expression dans ces têtes d'argile! Quelle finesse dans tous ces vêtements et dans ces parures! Quel éclat dans ces perles précieuses! Quelle animation, quelle vie dans tout ce paysage; dans ce torrent qui écume au milieu de blocs énormes et d'arbres séculaires, dans cette nature souriante, idyllique, parmi les épais rosiers et les prairies en fleurs!

Quelle richesse dans ce cortège des Rois Mages! Ils s'avancent coiffés de turbans et vêtus d'habits chamarrés d'or et parsemés de pierreries; de nombreux esclaves conduisent des chameaux chargés de coffres remplis d'or et de pierres précieuses.

Au-dessus de tout, s'élève pure la note de la foi: la Vierge et Saint Joseph, le petit Enfant Jésus étendu sur la paille, le boeuf et l'âne. Autour des petites colonnes qui entoure la Crèche, grimpent le lierre et la mousse et des essaims d'Anges se balancent dans les airs en glorifiant Dieu.

La Crèche de dom Michel et ses quatre-vingts statuettes représentent une valeur de deux cent cinquante mille francs.

Un habitant de la ville de Caserte avait dans sa maison une Crèche d'une richesse vraiment royale. Les Rois Mages, avec des costumes éblouissants, apportaient de vrais coffres d'or et de pierreries: les perles, les rubis, les émeraudes, les topazes y brillaient de toutes parts. Une femme avait au milieu du front un diamant si gros et d'une si belle eau qu'une princesse l'aurait mis volontiers à son diadème. On ne sera pas étonné d'apprendre que des soldats en armes gardaient, nuit et jour, un tel *presepio*.

La veille de Noël, à minuit, la famille entière vient s'agenouiller devant la Crèche. Le plus jeune des enfants prend un *Bambino* en cire et le place entre la Vierge Marie et Saint Joseph, dans un petit berceau de mousse. Les *Zampognari* attaquent la plus belle de leurs symphonies: on y répond par des cantiques: tout le monde prie; c'est une scène des plus touchantes[60].

> **Note 60:** (retour) De Lauzières, *Panorama des Fêtes chrétiennes*.

Toute la nuit de la veille de Noël ont lieu des feux d'artifice qu'on nomme *Tricchi-Tracche*. Les rues, les ruelles deviennent plus lumineuses qu'à midi. Les feux de bengale pétillent à tous les étages et à toutes les fenêtres: les flammèches tombent en pluie de feu sur la tête des passants. Alors aussi sur les places publiques, sur les trottoirs, sur les balcons éclatent les soleils, les girandoles, les fusées de toutes sortes. Dans chaque rue, dans chaque quartier c'est une fusillade nourrie; on dirait que dans cette ville de cinq cent mille âmes se livre une lutte effroyable. Les morts sont rares; il y a bien quelques blessés—mais c'est *Natale* (Noël)—et l'an prochain on recommencera de plus belle!

Il y a une vingtaine d'années, on représentait à Naples, dans un théâtre de second ordre, la *Nascita del Verbo Incarnato* (la Naissance du Verbe Incarné), longue et fastidieuse pièce en cinq actes et en vers, avec prologue. Les acteurs jouaient d'abord avec beaucoup de sérieux et de dignité. Mais, à la fin de chaque acte, les *guillari* (les bouffons, les clowns) apparaissaient sur le théâtre, liaient conversation avec la Sainte Vierge et Saint Joseph, puis restés bientôt seuls maîtres de la scène, racontaient, en patois, les nouvelles du port, avec une verve endiablée.

Il existe un usage assez bizarre dans la petite ville de Catanzaro, au sud de Naples, dans la Calabre ultérieure. C'est *n' Presepiu cchi si motica*, une espèce de Crèche-théâtre, de Crèche-parlante. Elle ne se trouve pas dans l'église. Elle nous apparaît peuplée de personnages qui se meuvent, gesticulent, parlent, absolument comme des marionnettes. A côté d'une grotte s'élève une prison, puis un palais, un couvent de capucins, une église. L'action est des plus grotesques. Par exemple, Hérode vient d'apprendre la nouvelle de la naissance d'un roi plus puissant que lui; aussitôt il entre dans une fureur extrême et donne ordre de faire périr par le glaive tous les enfants au-dessous de deux ans. On assiste alors au meurtre des Innocents, on entend des cris plaintifs. Les Religieux sortent du couvent et veulent défendre ces pauvres victimes, mais ils sont à leur tour roués de coups, jusqu'à ce que d'autres Religieux arrivent, en chantant des psaumes pour les morts[61].

Note 61: (retour) M. Lumini, *Le sacre rappresentazione italiane*, p. 306.

Dans l'île d'Ischia, on voit, dans les deux églises, un trône orné, sur lequel est placée une statue de la Vierge. Elle est habillée de brocart riche, porte des cheveux naturels très frisés et des boucles d'oreille: elle a une sorte de tablier de mousseline blanche qu'elle relève des deux mains comme pour en former un berceau. Le jour de Noël, on dépose un Enfant-Jésus dans le tablier de la Vierge.

A Capri[62], au commencement de la Messe de minuit, le tabernacle apparaît *ouvert* et *vide*, pour signifier que le Christ n'est pas encore né. Après la communion seulement, le prêtre y introduit une hostie consacrée et ferme la porte. Pendant toute la nuit et toute la journée du vingt-cinq décembre, les bombes et les coups de feu retentissent sans cesse, répétés par les échos des montagnes.

> **Note 62:** (retour) Dans l'île de Capri, de la pointe
> du *Capo* la vue est magnifique et n'a de comparable
> au monde que la rade de Rio de Janeiro et les
> abords de Constantinople.

Dans l'église de Massa-Lubrense, près de Sorrente [63], on voit une Crèche qui est tout un monde. Ce sont des rochers escarpés remplis de personnages en miniature: bergers, religieux; dans un ravin, les Rois Mages qui s'avancent avec toute leur suite; puis des villages, des maisons avec des curieux sur les balcons, des ouvriers à leur atelier, des gens qui causent sur la place publique, des Anges suspendus en l'air. Il y a peut-être deux cents figurants. C'est pour ainsi dire la reproduction de la Crèche de la Chartreuse de Naples.

> **Note 63:** (retour) Aux environs de Sorrente se
> trouve le pittoresque couvent du Deserto. — Du
> haut de la terrasse on a une vue charmante sur les
> deux golfes de Naples et de Salerne et sur l'île de
> Caprée.

Dans toute la région, les passants saluent les étrangers par ces mots: *Buon' Natal!* (bon Noël). C'est le souhait de la nouvelle année[64]. Il en est de même à Rome; on dit encore: *Buone feste* (bonnes Fêtes!)

> **Note 64:** (retour) Ces intéressants détails sur Ischia,
> Capri et les environs de Sorrente nous ont été
> fournis par deux personnes de notre famille qui
> ont assisté à la Messe de minuit dans l'église de
> Capri, à l'occasion de la fête de Noël 1904.

Nous trouvons dans l'*Illustrazione popolare* (l'Illustration populaire) de Rome, sous le titre: *la squilla di Lanciano nella notte di Natale* (la voix stridente de Lanciano[65], pendant la nuit de Noël) le trait suivant:

Le soir du vingt-trois Décembre, à six heures, une petite cloche de l'église métropolitaine de *Sainte-Marie-du-Pont* commence à sonner. Cette sonnerie qu'on est convenu d'appeler *squilla di Natale* (voix stridente de Noël) dure une heure sans interruption. Entre temps, les boutiques et les cafés se ferment; tous les habitants regagnent leurs foyers; de continuelles salves de mousqueterie et d'autres armes à feu retentissent de toutes parts. A sept heures du soir, tout le monde est chez soi; la clochette cesse de sonner, et, à leur tour, carillonnent toutes les cloches des nombreuses églises de la ville de Lanciano. À ce moment, tous tombent à genoux et récitent les litanies et d'autres prières. — C'est l'heure où, suivant une croyance populaire, la Vierge arriva à Bethléem. La prière finie, les enfants baisent les mains de leurs parents, de leurs aïeuls, de leurs oncles et tantes et échangent des compliments de bonnes fêtes. Un instant après, arrivent aussi les enfants qui vivent loin de la maison paternelle: ils viennent apporter l'expression de leur amour filial et prendre part aux joies de la famille réunie.

> **Note 65:** (retour) *Lanciano*, dans l'Abruzze citéri-
> eure, dix-huit mille habitants, archevêché, belle
> cathédrale; *pont de Dioclétien.*

Voici l'origine de cet usage: Monseigneur Paul Tasso, napolitain d'origine, prélat d'une grande charité et qui fut archevêque de Lanciano de 1588 à 1607, avait l'habitude d'aller tous les ans, le soir du vingt-cinq Décembre, processionnellement et pieds nus, suivi du clergé et du peuple, — en souvenir du voyage que fit Marie, de Nazareth à Bethléem, — jusqu'à une petite chapelle distante de plus d'un kilomètre de la ville, Sainte Marie dell' Iconicella. Pour faire ce trajet, il mettait une heure, et pendant ce temps, une clochette sonnait. Après la mort de Monseigneur Tasso, ses successeurs renoncèrent à la procession, mais l'usage de sonner la cloche subsista.

> Ninna nanna de Manzoni.
>
> *Dormi, fanciul, non piangere,*
>
> *Dormi, fanciul celeste,*
>
> *Sovra il tuo capo stridere*
>
> *Non osin le tempeste!*
>
> Dors, Enfant, ne pleure pas,
>
> Dors, divin Enfant,
>
> Sur ta tête faire rage.

N'osent pas les tempêtes!

(Première strophe.)

SICILE

La Sicile, qu'on appelle avec raison «la perle des îles» à cause de la beauté de ses paysages et de la douceur de son climat, offre une infinité de coutumes charmantes, à l'occasion de Noël.

Le grand et très intéressant journal de Palerme, l'*Ora* (l'Heure) du vingt-cinq Décembre mil neuf cent quatre, que nous a gracieusement envoyé un éminent professeur de cette ville, nous apporte de précieux documents que nous allons traduire et résumer en leur conservant, autant que possible, leur couleur locale.

Le bateau venant de Naples, arrive le plus souvent à Palerme avant le lever du soleil. Le décor matinal est réellement délicieux. À gauche, au-dessus du promontoire rocheux de Zaffarano, volent de légers nuages gris auréolés de rose par les premiers feux de l'aurore; le ciel est pur de ce bleu pâle qui caractérise les fins d'orage et dont connaissent bien la nuance tendre tous ceux qui ont navigué sur la Méditerranée. Bientôt apparaît Palerme *la Felice* (l'heureuse) baignée de lumière, ceinte de sa «Conque d'or», plaine fertile qu'encadre un hémicycle de montagnes grandioses.

Les sourires et les sarcasmes des esprits forts et des demi-savants n'ont pas réussi à diminuer la fraîche poésie de la fête de Noël. Sans doute, dit l'*Ora*, il y a bien dans notre chère île, comme partout ailleurs, pendant deux ou trois jours, des repas de parents et d'amis où l'on sert des plats choisis et des mets succulents, puis des desserts de fins gâteaux et de frais bonbons, mais Noël garde dans les rues bruyantes de nos cités, comme dans nos plus humbles villages, son cachet traditionnel de fête religieuse.

Partout, on entend les voix tristes des rapsodes du peuple, auxquelles se mêlent le bruit monotone des sistres, le gémissement plaintif des violons et dans le lointain le son champêtre des cornemuses et des *Zampogne*. Ce sont les *aveugles-poètes*[66] qui chantent le *voyage douloureux de la Sainte Vierge et de Saint Joseph* ou la *Ninnaredda* (berceuse) sorte de *neuvaine* préparatoire à la fête de Noël. Toute maison qui les accepte et veut bien les louer est marquée d'un large trait noir tracé au charbon. Ce sont aussi les bergers descendus des montagnes: ils viennent répéter leur mélancolique *cantilène* toute imprégnée de soupirs et de pleurs.

Note 66: (retour)

> À Palerme, les *aveugles-poètes* forment une sorte de corporation; ils parcourent les campagnes, se rendent à toutes les fêtes, modifient et rajeunissent les chants de leurs prédécesseurs.
>
> Ils abordent tous les genres: les souvenirs des Croisades, les légendes de Sainte Lucie et de Sainte Rosalie, les deux Saintes si populaires dans toute la Sicile, un tremblement de terre, un naufrage, etc.
>
> Ils déploient autant d'imagination pour rendre par la poésie et la musique ces divers sujets, que les «peintres» pour les reproduire sur les charrettes des paysans siciliens.

Les pieux *cantiques* de la neuvaine de Noël (*le canzoni*) sont très connus: ils sont à peu près les mêmes dans toute l'Italie méridionale et en Sicile.

On connaît beaucoup moins les *prières* (*le orazioni*) que l'on récite devant la Crèche dans certains villages des campagnes de Sicile. Ce sont des chants très courts, des invocations à Jésus-Enfant, à la Vierge, au patriarche Saint Joseph.

Ces *prières* sont écrites dans le gracieux dialecte sicilien que le poète Meli a immortalisé dans ses vers. Qu'on en juge par le commencement du premier sonnet de sa Bucolique.

> Montagnes coupées de vallons,
>
> Rochers vêtus de lierre et de mousse,
>
> Cascades d'eau pure argentée.
>
> Ruisseaux murmurants et lacs silencieux.
>
> Cimes escarpées et ravins ténébreux.
>
> Joncs stériles et genêts en fleurs.
>
> Arbres antiques croulant de vieillesse,

Et grottes où les gouttelettes d'eau se pétrifient avant de tomber.

Accueillez, dans vos silencieux asiles,

L'ami de la paix et du repos!

(Meli, *Buccolica.* Sonetu I.)

La première de ces *prières* publiée par Valplatani, a toute la grâce d'un petit tableau flamand (*ha tutta la grazia d'un quadretto fiammingo.*)

Ni' 'na grutta nasciu lu Bammineddu,

A Bettilemmi, 'ntempu di friddura,

'Ncapu la paglia comu un pucireddu,

La Bedda Matri l'ha pusatu allura,

E cc'era ddà vicinu un sciccareddu,

Misu a lu cantu di la manciatura,

All' autru latu un coi pïatuseddu,

E, 'ntunnu 'ntunnu, tutti li pastura.

Gesuzzu duci, beddu e picciriddu,

Mniezzu la paglia mori di lu friddu.

Ma comu grupi la cucuzza a risu,

Luci dda grutta comu un paradisu[67].

Note 67: (retour) Nous devons la traduction à l'extrême obligeance de notre savant ami, M. l'abbé M***, curé de Corscia, dont la collaboration nous a été continuelle depuis l'origine de nos recherches sur les coutumes populaires de Noël.

Dans une grotte est né le petit Enfant,

A Bethléem, au retour de la saison du froid,

Sur de la paille comme un pauvret.

Sa gracieuse mère l'a posé alors,

Tout près, d'un côté de la Crèche, il y avait un âne.

De l'autre côté un boeuf attendri,

Tout autour, tout autour, la foule des bergers,

Le cher Jésus, doux, beau, tout petit,

Se mourait de froid sur la paille,

Mais à peine le sourire a réjoui sa gracieuse bouche,

Que la grotte resplendit comme un paradis.

La Sicile a aussi *ses Noëls*: il ne faut pas y chercher finesse d'images, suite historique, ni vers rimés avec art.

Ce sont de petites strophes déliées qui se suivent avec la fougue capricieuse d'une bande d'enfants qui jouent sur un pré fleuri. Cependant quelle grâce rustique dans ces chansonnettes pieuses et quelle inimitable ingénuité de style et d'images. Dans celle de Noto, Jésus naît dans un jardin parsemé de plantes aromatiques: un tambour et le tintamarre des enfants qui s'amusent annoncent sa naissance.

Ddocu sutia ccè un jardinu,

Tuttu chinu d'airumi,

Cci na ciu Gesù bambinu.

Cu trummessi e tammurinu.

E lu misinu suprà l'artari.

Tutti l'ancili cci hann' a cantari

Cci hann' à caniari cu bella vuci,

Lu Bambinu si cunnuci,

Si cunnuci, vaneddi, vaneddi.

Si comtamu canzuneddi,

Canzuneddi via via,

Cci cantamu la litania

Litania palermitana.

Un peu plus bas il y a un jardin

Tout couvert d'arbres qui répandent des parfums.

C'est là qu'est né Jésus Enfant.

Avec trompettes et tambours.

Ils le placent sur l'autel,

Tous les Anges se mettent à chanter,

A chanter de leurs belles voix

Le Bambino si bienvenu.

Si bienvenu, viens, viens!

Nous chantons des cantiques,

Des cantiques et des cantiques,

Nous chantons la litanie.

La litanie de Palerme.

Plus suavement enfantines me semblent ces deux autres chansonnettes (*canzonette*) pieuses de Valplatani. La première a tout l'air d'une *ninna nanna* (berceuse):

A la notti di Natali

Ca nasciu lu Bammineddu,

E nasciu nni la gruttidda.

A la so manciaturedda

E sô matri cci arridia,

Rosi e gigli cci cuglia.

Dans la nuit de Noël,

Il est né le Bambino,

Il est né dans une grotte.

Dans sa petite Crèche.

Sa mère nous souriait.

Elle nous cueillit des roses et des lys.

Si l'on veut ajouter foi à cette autre chansonnette de Valplatani lorsque naquit notre Sauveur dans la grotte de Bethléem, il y avait non seulement un ange, mais encore un certain personnage qui jouait de la cornemuse. Au son géorgique du champêtre instrument, une brebis, aux flocons de laine frisée, dansait:

A la notti di Natali

Cc'era l'ancilla e un compari[68],

Chi sunaca la ciaramedda,

Abballava la picuredda

Abballava rizza rizza!

Dans la nuit de Noël

Il y avait un ange et un autre personnage [68]

Qui jouait de la cornemuse

Une brebis, aux flocons de laine frisée

Dansait: ravissante beauté!

Note 68: (retour) Littéralement: un parrain.

C'est surtout à l'occasion des fêtes de Noël, que les bambini de Valplatani récitent, avec une certaine cadence monotone, des strophes de quatre ou tout au plus six vers; elles sont comme parfumées d'une candeur ingénue. La première semble une peinture inimitable dans sa gracieuse naïveté:

Sutta un pedi di castagna,

Cci à Gesuzzu: c'addimanna,

Addimanna tri tari,

Cu la manuzza chi fa accussi.

A l'ombre d'un châtaignier.

Il y a Jésus: il nous appelle.

Il nous appelle,

En nous faisant signe de sa petite main.

Toute l'ardeur d'une fervente invocation vibre dans cette autre strophe:

Bammineddu di la chiuviddu,

Siti beddu e piccireddu,

Quannu spunta la cirasa

Vui viniti a la me casa,

A la me casa 'un cci ati vinutu,

Viniticci ora pi darimi aiutu!

Petit enfant que je vois d'ici.

Vous êtes beau et tout petit.

A la saison des cerises,

Venez à ma maison.

Vous n'êtes pas encore venu à ma maison.

Venez y maintenant pour me secourir.

Pour Noël, les enfants s'amusent à faire des Crèches devant lesquelles ils allument, avant minuit, de petites lampes d'huile. La Crèche est une montagne de sucre avec des vallons, des précipices et des grottes qui doivent représenter, en petit, la montagne de Bethléem. Il doit y avoir nécessairement un ruisseau en verre ou en papier argenté ou même d'eau courant dans un lit de fer blanc au milieu de rochers de sucre, par suite d'ingénieuses combinaisons. La montagne est peuplée d'une trentaine de personnages de craie que nos *bambini* appellent bergers. Quelques uns cependant n'ont rien du costume pastoral. On y voit: un muletier qui tire par les rênes une bête récalcitrante, une lavandière qui revient du ruisseau avec un lourd fardeau sur la tête, un pêcheur qui jette sa ligne dans les eaux d'une rivière, un chasseur tirant un oiseau qui se brandille sur un arbre... Parmi les vrais bergers, l'un d'eux, en voyant la grande, l'insolite lumière qui se répandit sur la montagne de Bethléem, à la naissance de Jésus, regarde avec frayeur. Aussi est-il connu sous le nom de l'*Effrayé de la Crèche (lo spaventato del presepe)*. On y voit un berger qui porte un fagot de bois, un autre qui remue le lait dans une chaudière bouillante; celui-ci a retiré ou va retirer une épine qui lui gonfle le pied; celui-là lance une pierre à une vache qui se fourvoie; tel gonfle les joues en soufflant dans la cornemuse ou la *Zampogna*; tel autre frappe sur un cerceau... Et les enfants les connaissent, un par un, comme s'ils étaient vivants. De leurs regards qui savent donner à tout l'animation et la vie, ils les suivent s'acheminant vers la grotte où l'Enfant Jésus leur sourit, les bras ouverts, au milieu de deux animaux qui le réchauffent de leur haleine.

Mais revenons aux joies familiales: revoyons les rues les plus fréquentées de notre Palerme. Nous sommes à la nuit qui précède Noël: voici les boutiques des marchands de fruits les plus renommés. Façades, architraves, colonnes, chapiteaux d'une architecture très étrange, s'offrent à nos regards. La matière dont ces espèces de maisons sont fabriquées et qui ferait les délices d'une armée de rats, est entièrement de figues sèches. Mais qui pourrait rendre avec la plume les vives gradations de couleurs que nos marchands de fruits combinent d'une manière si savante? Comment décrire cette pyramide de miel qui se détache tout près d'un monceau de poires d'hiver qui semblent faites de vieil or...?

L'usage que les bons Norvégiens ont de donner du froment et du pain aux oiseaux, le jour de Noël, se rencontre aussi dans plusieurs pays de la Sicile. A Scicli, par exemple, les femmes ont l'habitude de jeter sur les toits, les balcons et les appuis des fenêtres, des miettes de pain et des grains de blé, afin que le jour où naquit Jésus, les gracieux habitants de l'air ne manquent pas de nourriture et qu'ils puissent égayer ce jour de leurs chants les plus joyeux.

Ravissante coutume bien digne de Noël, la fête par excellence de la paix et de l'allégresse!

Dans quelques villages de la Sicile, on conserve l'usage, d'ailleurs très ancien dans l'île, d'allumer la *bûche de Noël* (il ceppo di Natale).

On réunit de la paille et des sarments sur lesquels on place une énorme bûche, qui provient généralement de la libéralité d'un propriétaire, religieux observateur des coutumes du pays. Aussitôt que le soleil se couche derrière les montagnes et que la cloche tinte l'*Ave Maria* (l'Angelus), le député de la fête a soin de mettre le feu à la bûche, et de veiller à ce que, toute la nuit, il reste allumé.

D'aucuns voient dans l'embrasement de la bûche de Noël le symbole du feu qu'auraient allumé dans leurs chaumières les bergers de Bethléem dans cette nuit mémorable où l'Ange leur annonça la naissance de Jésus. D'autres expliquent cet usage par la nécessité de réchauffer à un feu public les pauvres gens qui veillent, à ciel ouvert, pendant cette froide nuit de Noël.

Rien de plus gai que la vue de cette bûche allumée, qu'entourent les artisans et les pauvres. Les uns restent debout, les autres sont assis sur des pierres, quelques-uns fument philosophiquement leurs pipes, d'autres grignotent des marrons qu'ils ont fait rôtir sous la cendre de la bûche; les enfants cassent des noisettes, les vieillards étendent leurs mains au feu pour les dégourdir.

Autour de la traditionnelle bûche de Noël, comme à un immense foyer, tous se donnent rendez-vous; on se trouve si bien dans cette chaude atmosphère et puis on s'y divertit. Devant ce gros morceau de bois qui brûle et crépite joyeusement, qui envoie dans l'air des nuages de fumée et lance des étincelles, la foule reste d'abord immobile et la flamme projette de brillants reflets sur tous les visages. Mais bientôt éclatent les rires les plus joyeux, on échange entre amis les plus innocents badinages, et toutes les voix chantent les cantiques de Noël. De temps en temps on attise le feu, de nouveaux fagots sont ajoutés aux premiers et la plus douce gaîté règne dans toutes les conversations, jusqu'à ce que les derniers tisons de la bûche de Noël s'éteignent avec les premières lueurs de l'aurore.

ESPAGNE

Chez les peuples du Nord, l'idée de Noël est associée à celle de froid, de neige et de bise glaciale. Les enfants s'y représentent «le Bonhomme Noël» avec sa longue barbe blanche et ses vêtements tout couverts de givre clair et craquant.

Là-bas, au midi de l'Espagne, sur la terre andalouse, le soleil brille radieux, l'azur du ciel resplendit sans tache et, le vingt-cinq Décembre, le thermomètre marque ordinairement douze degrés à l'ombre et vingt-cinq au soleil. — Aussi le jour de la *Natividad* ou de la *Navidad*, la joie de tous devient bruyante et tapageuse. Pendant la nuit de Noël, *la Noche buena* (la bonne nuit), comme l'appellent les Espagnols, les rues retentissent de clameurs et des plus assourdissants concerts.

Le *temps de Noël*, en Espagne, commence avec l'Avent.

A Madrid, la *veille du premier dimanche de l'Avent*, un fonctionnaire du tribunal ecclésiastique (*Rota*)[69], accompagné des timbaliers et des trompettes des écuries royales, des alguazils et d'un nombreux cortège, tous en costumes des XVIIe et XVIIIe siècles, parcourt à cheval les principales rues de Madrid et lit le décret concernant la proclamation de la *Bulade la Santa Cruzada* (la Bulle de la Sainte Croisade). Cette bulle octroyée d'abord par Jules II et renouvelée en 1849, Par Pie IX accorde à tous les Espagnols les mêmes Privilèges que ceux des anciennes Bulles des Croisades d'Urbain II et d'Innocent III.

> **Note 69:** (retour) Ce tribunal est formé à l'instar de celui de Rome, qui porte le même nom. On l'appelle *Rota*, qui veut dire *roue*, parce que la salle où se réunit ce tribunal est circulaire, en sorte que les juges assis forment un rond.

On nous a raconté à Miranda de Ebro qu'à l'époque de l'invasion des Maures, les paysans d'Espagne, au péril de leur vie portèrent des vivres aux troupes catholiques, obligées quelquefois de se réfugier dans des montagnes inaccessibles. On permit aux vaillants défenseurs de la foi et à leurs intrépides pourvoyeurs de faire gras les Vendredis, pour réparer leurs forces épuisées par d'incessantes fatigues. Le privilège devint un usage qui fut consacré par la *Bulle de la Sainte Croisade*. Celle-ci permet aux Espagnols de faire gras tous les Vendredis de l'année, moyennant une légère aumône[70].

Note 70: (retour)

On définit ordinairement la *Bulle de la Sainte Croisade*: «un diplôme papal, contenant de nombreux privilèges, induits et grâces, accordé, au Roi d'Espagne pour l'aider dans la guerre contre les Infidèles.»

Pour obtenir cette Bulle, il faut résider dans les Royaumes, Provinces et territoires soumis au Roi d'Espagne. Les étrangers cependant peuvent validement jouir des privilèges de la Bulle, s'ils viennent en pays espagnols, même en y passant très peu de temps et quelle que soit la raison qui les y amène.

Autrefois, pour jouir des faveurs de la Bulle, il fallait aller en personne, dans l'armée espagnole, combattre les Infidèles, ou bien équiper à ses frais un soldat de cette armée, ou bien faire une aumône. Aujourd'hui, il suffit d'acheter la Bulle, moyennant une légère aumône, d'y inscrire son nom et de la conserver chez soi.

Entre autres privilèges, la Bulle accorde le droit de manger des oeufs et du laitage tous les jours de Carême, ainsi que de la viande tous les jours de jeûne et d'abstinence de l'année.

Noël est surtout la grande fête des pays basques: en Guipuscoa, on dit *las Pascuas de la Natividad* (les Pâques de la Nativité).

On nous écrit de la République Argentine, où se sont implantées la langue et les coutumes espagnoles, qu'il est d'usage de se faire visite à l'occasion de Noël et de se souhaiter de *felices Pascuas de Navidad* (d'heureuses Pâques de Noël)[71].

Note 71: (retour) En Espagne on dit: *les Pâques de la Nativité* et *les Pâques de la Résurrection*.

Pendant le temps que durent les fêtes de Noël, il est de coutume dans toute l'Espagne—villes et campagnes—de chanter des airs pastoraux appelés *villancicos* (cantiques de Noël), mesure six-huit, qui symbolisent les chants des pasteurs célébrant la naissance de l'Enfant-Jésus. Ces chants sont le plus ordinairement accompagnés de castagnettes et de *Zambombas*. Cet instrument de musique (??) n'ayant pas d'équivalent en français, nous nous croyons obligé de le décrire.

La *Zambomba*, ainsi appelée sans doute par harmonie imitative, est une sorte de tambourin champêtre qui serait venu des Maures: on le retrouve encore en Afrique. C'est un vase de terre cuite ayant à peu près la forme d'un sablier. Une des extrémités recouverte d'une peau épaisse, desséchée et soigneusement tendue, présente une ouverture au centre. Dans cette ouverture passe une baguette d'environ cinquante centimètres, plantée perpendiculairement et liée à la peau. Pour faire *mugir* l'instrument, il suffit de communiquer à la baguette un énergique mouvement de va-et-vient.

Dans les faubourgs, tous ont leur *Zambomba*: enfants, parents, vieillards. A tous les coins de rue, les marchands en vendent; il y en a de toutes sortes; quelques-unes même sont vraiment luxueuses: la boîte sonore est ornée de peintures et la baguette est en bois rare et précieux.

Heureusement l'usage de la *Zambomba* est limité aux fêtes de Noël: c'est suffisant.

Quelque bruyante que soit la fête de Noël en Espagne, elle l'est encore moins que le Samedi Saint. Ce jour-là, vers onze heures du matin, quand les cloches *revenues de Rome* commencent à sonner le *Gloria in excelsis*, il se fait, pendant une demi-heure, un bruit des plus étranges. Les cuisinières frappent, à tour de bras, sur leur casserole la plus sonore, pendant que dans la rue, les enfants armés de maillets frappent sur les portes des maisons, comme s'ils voulaient les défoncer. Un tel charivari, s'il devait durer, finirait par rendre fou.

A Valladolid et à Salamanque, les jeunes filles dansent autour des statues de la Madone en chantant des *villancicos* qui ne contiennent souvent que des pensées inachevées, comme dans beaucoup de mélodies populaires. Nous ne citerons que ces deux couplets:

Ardia la razza,

Y la razza ardia,

Y no se quemaba;

La Virgen Maria!

Le buisson brûlait.

Et brûlait le buisson.

Et ne se brûlait pas;

La Vierge Marie!

San José era carpiniero,

Y la Virgen costurera,

El Niño labra la cruz,

Porque ha de morir en ella.

Saint Joseph était charpentier.

Et la Vierge couturière.

L'enfant travaille le bois de la croix.

Parce qu'en elle Il doit mourir.

La ville la plus intéressante au point de vue des fêtes religieuses et populaires est assurément Séville. C'est peut-être dans ce sens qu'il faut entendre ce proverbe si connu dans toute l'Espagne:

Quien no ha visto Sevilla

No ha visto maravilla.

Qui n'a vu Séville

N'a vu merveille[72].

Note 72: (retour) D'après un autre proverbe espagnol: *Quien no ha vista Granada, No ha visto nada,*
qui n'a vu Grenade, n'a rien vu. — Nous pensons,
en effet, que cette ville offre le plus beau paysage

de toute l'Espagne. Qu'on se figure une campagne verte et fraîche, puis, à l'entour, un cadre de collines ruisselantes d'eaux vives, exubérantes de végétation; plus haut un amphithéâtre de montagnes d'une douce lumière bleue, enfin, par dessus tout, les neiges éternelles de la Sierra Nevada, montant à 3,500 mètres dans l'azur sombre du ciel.... Voilà le riant et grandiose panorama de la ville merveilleuse de l'Alhambra!

Ce n'est point la tour de la Giralda si remarquable par la proportion harmonieuse de ses lignes, ce ne sont pas ses autres monuments, ni ses trésors d'art, ni les beaux tableaux de Murillo qui ont fait surnommer Séville «l'Enchanteresse», *la Encantadora*, ce sont les agréments de la vie, les fêtes, le mouvement perpétuel de gaieté qui anime sa population.

Ses grandes processions de la Semaine Sainte (*pasos*) sont célèbres dans le monde entier.

La fête de Noël (*la Natividad*) y est particulièrement populaire: elle se passe, en grande partie, en plein air; le marché est plus animé que jamais entre le pont de Tiana et la plaza de Toros.

«Voici d'abord le *pavero* (marchand de dindons, *pavos* en espagnol). C'est une industrie qui ne s'exerce guère qu'aux approches de Noël. Quelques jours avant la fête, il fait son apparition dans les rues, poussant devant lui son troupeau de volatiles. Ils vont se dandinant, ébouriffant leurs plumes-moirées, secouant leur jabot aux teintes sanguinolentes, attirant par leurs gloussements les ménagères prévoyantes... Le *pavero* crie sa marchandise et la vend avec toute la fierté de sa race»[73].

Note 73: (retour) Louis d'Harcourt, *Illustration*, 1890.

A Barcelone, la ville aux larges et riantes avenues, le vingt et un Décembre, fête de Saint-Thomas, il y a grande affluence de paysans qui viennent exposer et vendre des *pavos* (dindons), sur *la Rambla de Cataluña*[74], pour les fêtes de Noël.

Note 74: (retour) Le terme *rambla* qui, vient de l'arabe, désigne dans toute l'Espagne le lit desséché

d'un fleuve: souvent, comme à Barcelone, il est
remplacé par de superbes boulevards. Ce qui fait
que le mot de Cervantés s'applique encore à la
grande cité qu'il appelle «une ville unique par son
site et sa beauté», *en sitio y en bellezza unica.*

La loterie de Noël, à Séville, donne aussi à cette fête un attrait et
une animation extraordinaires: on peut juger de son importance par
la valeur du gros lot qui dépasse ordinairement deux millions de
francs. Le prix de chaque billet est de cinq cents francs, mais il peut
se diviser en coupures et fractions qui vont jusqu'aux sommes les
plus petites.

Après le tirage, le gain se partage au prorata de la valeur des billets, coupures et fractions.

Les Espagnols s'intéressent tous à cette grande oeuvre quasi nationale et même ceux qui vivent à l'étranger ne manquent pas d'é-
crire à Séville pour se procurer des billets.

Quelques jours avant Noël, on a coutume, dans bon nombre de
familles où il y a des enfants, d'édifier des représentations de l'Adoration de l'Enfant Jésus par les Bergers et les Rois Mages. Des
paysages en miniature se peuplent de personnages et d'animaux
sans grand souci de la couleur locale, ni de la vraisemblance. On
appelle ces sortes de Crèches des *nacimientos* (naissances).

Dans certaines familles, on s'y applique consciencieusement à
l'avance pour combiner des effets pittoresques que les amis
viendront voir jusqu'aux «Rois» que ces éphémères constructions ne
dépassent jamais. — Cette coutume existe à peu près dans toute l'E-
spagne.

Dans les provinces du Midi, après avoir admiré dévotement le
divin Enfant, la Vierge Marie, Saint Joseph, les Bergers, les Rois
Mages, l'âne et le boeuf traditionnels, on passe une partie de la nuit
à se divertir et surtout à danser le *fandango.* Cette danse préférée des
Espagnols est sur un rythme entraînant, à trois temps, avec accompagnement de guitare et de castagnettes. Son mouvement rapide,
l'agitation des bras, les trépidations des danseurs, lui donnent un
caractère d'animation plein d'originalité. Dans l'intervalle des danses, on boit de l'*aguardiente* (eau-de-vie) et du *manzanilla* (petit vin

blanc sec). Cette réunion toute intime de parents et d'amis se termine par une danse spéciale à laquelle tout le monde prend part.

«Tous les assistants sont assis en cercle. Une jeune fille alerte s'élance d'un bond au milieu et parcourt rapidement le rond, toujours dansant. Puis elle s'arrête devant un des spectateurs qui est tenu de la remplacer et d'exécuter un pas brillant, quels que soient son âge, sa situation, sa gravité. Celui-ci s'arrête ensuite devant une femme, jeune ou vieille, qui lui succède dans ses exercices chorégraphiques, et ainsi de suite jusqu'à épuisement des danseurs»[75].

Note 75: (retour) Louis d'Harcourt, loc. cit.

Dans les provinces du Nord, aux pays basques, par exemple, on trouve beaucoup moins ces manifestations bruyantes: une lenteur mesurée, une tonalité grave règnent dans les actes et les discours. Après la Messe de minuit a lieu le réveillon qui se compose du *besugo*, poisson fréquent dans la contrée, de l'oie grasse et du dessert composé de nougats, d'alicante et de jijun.

Dans le Midi, la tourte de Noël [76], la morue frite, les châtaignes, la dinde truffée font les frais du repas qu'arrosent à pleins verres le *Valdepeñas* et le *Manzanilla*. Quelquefois la guitare et la *Zambomba* accompagnent le *Tango*, le *Boléro* et la *Sevillana* (danses espagnoles).

Note 76: (retour) A la Republique Argentine, le régal de Noël est le *pan dulce* (pain doux), sorte de gâteau aux raisins confits que les pâtissiers confectionnent en grande quantité pour cette fête.

Les gâteaux de Noël préférés par les Espagnols sont les « *Turones* ». Chaque année, on en vend des quantités considérables, à Barcelone, sur le *paseo de la Industria* (la promenade de l'Industrie).

Les Tourons ou massepains sont d'énormes gâteaux au miel, aux amandes pilées, aux patates douces, sur lesquels l'imagination et la grâce espagnoles se donnent libre cours pour les ornementations. Ils ont généralement la forme de serpents enroulés et sont couverts d'arabesques en sucre multicolores, de fondants et de fruits confits et glacés. Ils sont merveilleux à voir et délicieux à manger. Il y a, comme volume, depuis la petite couleuvre, jusqu'aux plus immenses boas. Toute la famille espagnole a son Touron pour Noël et les familles riches s'en offrent qui coûtent des prix considérables [77].

Le matin de Noël, avant la grand'messe, les villageois basques dansent aussi le *fandango*, au son des guitares et des castagnettes, mais avec un rythme bien différent des peuples du Midi. Les danseurs arrondissent leurs bras en ailes de moulins, se font vis-à-vis en des gestes câlins, sans que jamais l'un vienne à s'approcher de l'autre. Ils demeurent silencieux et compassés. Pénétrés de la dignité de leurs rôles, ils semblent accomplir quelque sacerdoce. Sur un chapiteau renversé, un hidalgo loqueteux, venu on ne sait d'où, chante la triste *Malageña*, mélopée plaintive, venue du temps des Maures, pendant qu'un rayon de soleil vient éclairer sa pauvre mine de misère[78].

Noël est avant tout une fête religieuse chez le peuple espagnol, fidèle gardien des naïves et touchantes traditions de ses pères.

Sans doute, il y a bien parfois quelques manifestations bruyantes dans les églises, surtout dans les quartiers pauvres et ouvriers. Des castagnettes, des tambours de basque, des *Zambombas* accompagnent des *villancicos* (Noëls) à l'allure un peu trop alerte: certains instruments assez singuliers imitent le chant des oiseaux, surtout le cri éclatant du coq. A l'offertoire et à la sortie, l'orgue lui-même, oublieux de sa gravité ordinaire, joue des variations sur des thèmes empruntés aux airs les plus populaires. Au milieu de pareils concerts, les enfants de choeur sautillent bien un peu, la foule est agitée d'un balancement qui marque un peu trop la mesure, mais l'ensemble reste toujours sérieux et digne du saint lieu.

A Séville, le jour de Noël, on danse encore dans les églises, mais tout est prévu et réglé d'avance et l'assistance, témoin de ces exercices qui font partie intégrante du cérémonial de la fête, se livre à la joie, sans perdre son attitude calme et recueillie.

Jusqu'à la fin du dix-huitième siècle, à Valladolid, on représentait, au milieu des églises, les *Mystères* de la Nativité. Les personnages qui étaient en scène, portaient des masques grotesques et des costumes d'un goût douteux. Ils étaient accompagnés par tous les instruments populaires: castagnettes, tambours de basque, guitares, violons. Dans les entr'actes, l'organiste jouait seul: il choisissait dans son répertoire les morceaux les plus entraînants. Tout à coup les femmes et les jeunes filles entraient en danse, portant à la main des cierges allumés. Toute cette festivité était entremêlée de *villanelles* ou chansons rustiques. Celui qui avait le mieux chanté était salué par les fidèles du beau nom de *Victor*.

Si nous pénétrons, le jour de Noël, dans une des églises du Midi de l'Espagne, nous y trouverons une foule qui s'y presse pour sanctifier cette solennité. La jeune andalouse en habit de soie noire, avec mantille, agenouillée sur la dalle nue[79], fixe du regard la Madone vêtue de ses plus beaux atours de damas et de dentelles et couronnée d'un riche diadème aux perles étincelantes. Elle est droite, immobile, comme figée sur place, adressant une fervente prière à la Vierge qui ne peut manquer de l'exaucer, en ce jour de l'anniversaire de la naissance de son fils. Telles les orantes, sculptées dans le marbre ou la pierre, qu'on admire dans les catacombes de Rome, ou auprès des tombeaux du *Campo santo* de Gênes et des autres villes d'Italie.

> **Note 79:** (retour) Les églises espagnoles ne contiennent pas habituellement de chaises.

Dans le Nord, la jeune basquaise va également se prosterner, le jour de Noël, dans l'église de Lezo, près de Saint-Sébastien[80]. Ce n'est plus la Vierge Marie qu'elle implore, c'est devant l'image du Christ vénéré qu'elle reste des heures entières, plongée dans une sorte d'extase. Comme elle contemple, avec émotion et avec larmes, son Dieu à l'aspect saisissant, aux membres alanguis, à la chevelure d'ébène, au regard tendre et compatissant qui semble la fixer et la comprendre. Elle lui confie tous les secrets de son âme ardente: ses peines, ses illusions, ses espérances. C'est à Lui qu'elle vient demander ce que chante la vieille complainte:

Santo Cristo de Lezo.

Tres cosas te pido:

Salud, dinero

Y buen marido.

Saint Christ de Lezo,

Je te demande trois choses:

Le salut, la fortune

Et un bon mari.

> **Note 80:** (retour) Dans les pays basques, il est d'u-
> sage, au jour de Noël, de se rendre a trois pèleri-
> nages locaux particulièrement célèbres: ce sont
> ceux de Lezo, d'Iziar et d'Aranzazu.

En parcourant ces silencieuses campagnes de la province de Gui-puscoa, il nous est souvent revenu à l'esprit une belle page de Pierre Loti, sur la Messe au pays basque, et surtout ces lignes finales: «Faire les mêmes choses que depuis des âges sans nombre ont faites les ancêtres, et redire aveuglément les mêmes paroles de foi, est une suprême sagesse, une suprême force. Pour tous ces croyants qui chantaient là, il se dégageait de ce cérémonial, immuable de la Messe une sorte de paix, une confuse mais douce résignation aux anéantissements prochains. Vivants de l'heure présente, ils per-daient un peu de leur personnalité éphémère pour se rattacher mieux aux morts couchés sous les dalles et les continuer plus ex-actement, ne former avec eux et leur descendance à venir, qu'un de ces ensembles résistants et de durée presque indéfinie qu'on appelle une race.»

Il nous a été donné de voir des familles entières agenouillées de-vant le *Christ miraculeux* de la belle cathédrale de Burgos ou devant la *Virgen del Pilar* (la Vierge du Pilier) de l'immense basilique de Saragosse. Rien, dans nos souvenirs de voyages, ne nous a donné une idée plus haute de la foi qui opère des merveilles, et de l'ar-dente charité d'un peuple au coeur vaillant et à la religion profonde et vraie.

Il nous reste à parler de la Messe de Noël en Espagne, Messe de minuit et Messe du jour.

La Messe de minuit s'appelle *Misa del Gallo* (la Messe du coq ou du chant du coq): elle n'offre rien de bien particulier.

Elle se célèbre dans la plupart des églises de Madrid. A la fin, les fidèles entonnent les *villancicos* en s'accompagnant d'instruments de toute sorte: il se fait alors un tapage qui surprend et étonne les étrangers. Des bandes bruyantes d'hommes du peuple parcourent en chantant les rues les plus fréquentées. Depuis minuit, les cafés, surtout ceux de *la Puerta del Sol*[81], se remplissent d'une foule animée. La visite du marché aux fruits de *la plazza Mayor* est intéressante, surtout le soir de Noël: il y a quantité de boutiques brillamment illuminées.

> **Note 81:** (retour) *La Puerta del Sol* (la Porte du Soleil), la place la plus grande et la plus animée de Madrid: elle doit son nom à l'ancienne porte démolie en 1570, d'où l'on pouvait voir *le lever du soleil.*

Le jour de Noël, les monastères ouvrent leurs chapelles ordinairement fermées au public et la Messe de minuit se célèbre avec une grande solennité. Chaque fidèle y apporte, soigneusement enveloppé dans son manteau, son cierge bizarrement enroulé en forme de serpent. Dans le rayonnement des lumières, apparaît, au milieu de la nef principale et jusque dans le sanctuaire, une foule recueillie à la foi ardente et aux élans d'une piété expansive. C'est une suite de fiévreux signes de croix, de baisements des dalles, de coups frappés sur la poitrine, de regards enflammés et suppliants allant de l'autel à la Madone et de la Madone à l'autel.

Dans l'église, au dôme élevé, du célèbre couvent de Loyola, bâti sur l'emplacement de la maison où naquit Saint Ignace, fondateur de l'Ordre des Jésuites—à la Messe de minuit—l'orgue joue, après l'élévation, la *Marche royale* avec accompagnement de tambours de basque et de castagnettes. Les Religieux, par suite d'un usage séculaire, célèbrent à la fois la gloire du Très-Haut et celle de leur Souverain[82].

> **Note 82:** (retour) *La Quinzaine*, loc. cit.

M. Etienne Roze nous décrit, dans un style plein de charme et d'humour, une Messe de Noël à Madrid:

«Le jour de Noël, désirant assister à un office pittoresque, je me rendis à la Grand'Messe de l'Hôpital Général. C'était là, m'avait-on dit, le refuge des vieilles traditions.

«... Autour de l'harmonium, des Religieuses étaient groupées. Je n'ai jamais entendu une Messe chantée sur un rythme aussi gai. Le célébrant tout allègre entonna le Kyrie sur quelques notes vives et alertes et le choeur lui répondit dans une attaque parfaite.

«Une vieille religieuse, toute ridée sous sa cornette blanche, battait la mesure avec décision: c'était un excellent chef d'orchestre.

«... Les voix étaient justes et fraîches et les instruments parfaitement accordés.

«Il y avait deux Zambombas, deux tambours de basque, des castagnettes, deux trompettes, deux sifflets de tons différents, un coucou, un coq, un rossignol et deux de ces petits pots en terre qu'on remplit à demi et dans lesquels on souffle pour imiter un gazouillis d'oiseaux.

«Tout cela partait, s'arrêtait, reprenait dans une mesure excellente. Seuls, les gazouillis étaient quelquefois en retard et gazouillaient de temps à autre, au milieu d'un silence ou quand ce n'était plus leur tour. Mais ils gazouillaient si bien, avec tant de gentillesse, qu'il était impossible de leur en vouloir.

«... D'ailleurs, le chef d'orchestre faisait les gros yeux et tout rentrait dans l'ordre.

«... On eut dit une Messe chantée dans une volière.

«Le coq, le rossignol et le coucou étaient surtout merveilleux. Ils s'appelaient et se répondaient avec une impeccable mesure. Les tambours et les castagnettes formaient la basse et ne se reposaient jamais.

«... Tout l'office fut célébré ainsi et d'une façon si naïve, si simple, si touchante, avec une foi si vive et si sincère, que le sourire qui m'était venu au début sur les lèvres, disparut très vite, pour faire place à une réelle émotion»[83].

Note 83: (retour) Revue Marne. *Noël* 1902.

Après la Messe de minuit, il est d'usage, en Espagne, de se saluer par ces mots: *nacido*[84] *el Niño!* (l'Enfant est né!)

Le jour des Rois (*Dia de Reyes*), à Madrid, une foule animée remplit les rues et les magasins. Le soir, des enfants portent des flambeaux, des échelles, dès sonnettes et des tambours, parcourent les rues et les places les plus écartées où ils font halte pour «guetter l'arrivée des Rois». Mais bientôt un «Messager» vient annoncer que les Rois ont pris «un autre chemin» et qu'ils font leur entrée à l'autre bout de la ville. Sur quoi, toute la bande se dirige vers l'endroit indiqué, où la même scène recommence.

Le jour de l'Épiphanie, à Madrid, dans la chapelle royale, une Messe solennelle est dite par le Cardinal-Aumônier. Le Roi, la Reine et toute la famille royale y assistent, avec toute la Cour, en tenue de gala. Après la Messe, le Roi fait porter sur l'autel trois beaux calices; le Cardinal les consacre et le Roi les envoie, en souvenir des trois Rois Mages, à trois églises pauvres[85].

FIN.

TABLE

Le port de Naples.

Les *Zampognari.*

Les Crèches napolitaines.

La Crèche du Musée de la Chartreuse.

La Crèche de Caserte.

Les feux d'artifice.

Le drame de la Naissance du Verbe Incarné.

La Crèche-parlante de Catanzaro.

Les cloches de Lanciano.

NOËL EN SICILE

Les musiciens de Noël.

Gracieux dialecte sicilien.

Prières de Noël.

Chansonnettes pieuses.

Les Crèches enfantines.

Les boutiques de Palerme.

Le repas des oiseaux.

La Bûche de Noël.

NOËL EN ESPAGNE

Fête bruyante.

La Bulle de la Sainte Croisade.

Les Pâques de la Nativité.

Les *cillancicos.*

La *Zambomba.*

Le Samedi Saint.

Le Noël de Valladolid.

Noël à Séville.

Le marchand de dindons.

La loterie de Séville.

Les Crèches.

Le *fandango*.

Les Tourons.

Les Mystères de Noël à Valladolid.

La prière de Noël à Séville.

La prière de Noël à Lezo.

La Messe de minuit.

La Messe du jour à l'Hôpital Général.

Le jour des Rois à Madrid.

L'offrande du Roi d'Espagne.

FIN DE LA TABLE

[Note du transcripteur: Suit le matériel hors propos qui se trouve dans les premières pages de l'ouvrage qui a servi pour produire ce document.]

Prix franco: UN Franc

SE TROUVE CHEZ L'AUTEUR
PITHIVIERS
IMPRIMERIE MODERNE,
I, IMPASSE DE L'ÉGLISE

1906
IMPRIMATUR.
Aurel., Die. 3 Decemb. 1905.
A. BRUANT
Vic. gen.

Nous avons publié, en 1903, sur les *Réjouissances populaires de Noël dans nos anciennes provinces*, et en 1904, sur *Noël dans les pays du Nord*, deux brochures dans lesquelles un grand nombre de journaux, de revues et de semaines religieuses ont puisé des extraits. En 1904, le grand journal de Paris *Le Gaulois* nous a fait les honneurs de son intéressant numéro illustré de Noël. Nous espérons que notre *Noël dans les pays étrangers* obtiendra, cette année, la même faveur.

Depuis notre voyage de Terre Sainte, en 1893, présidé par Son Éminence le Cardinal Langénieux, de pieuse, illustre et vénérée mémoire, nous avons recueilli des notes nombreuses sur les usages établis à l'occasion des fêtes de Noël et de l'Épiphanie. Nos amis de la *Société Asiatique*, répandus dans le monde entier, nous ont écrit des lettres pleines d'intérêt et d'érudition. Nos confrères de France et de l'Etranger, dont nous avons pu apprécier la science et l'aimable charité, nous ont aussi prêté le plus bienveillant, le plus utile concours.

Nous nous proposons de publier prochainement *le Folk-Lore de Noël* ou *Essai sur les coutumes populaires de Noël dans tous les pays*.

Notre ouvrage sera divisé comme il suit:

PRÉFACE.—Origine et but de ce livre.

INTRODUCTION. — Résumé des faits historiques qui se sont passés le jour de Noël. (Ephémérides de Noël.)

CHAPITRES

CONCLUSION. — Ces coutumes de Noël, si universelles et si populaires, prouvent la divinité de Notre-Seigneur Jésus-Christ.

Nous serions très reconnaissant à nos lecteurs de nous fournir de nouveaux documents puisés dans leurs lectures, leurs voyages ou auprès de leurs amis. Ces documents se trouvent surtout dans les journaux, revues et semaines religieuses qui paraissent du quinze au trente Décembre de chaque année. Ceux qui possèdent des collections de ces différentes publications peuvent consulter les livraisons des années précédentes. Dans chaque pays, la presse locale contient des articles très intéressants sur les coutumes particulières à chaque contrée. A titre de renseignements, ces articles ont pour nous une grande valeur.

Les écrivains les plus célèbres, prosateurs et poëtes de tous les pays, ont parlé avec admiration de nos usages de Noël. Frédéric Mistral a chanté la «Bûche de Noël» dans cette belle et harmonieuse langue provençale qu'il parle si bien. Qui ne connaît la «Dernière Bûche» de Théodore Botrel, d'une allure toute gauloise et d'une saveur toute bretonne? Madame de Sévigné raconte «avec finesse et joyeusetés» comment se passait «le réveillon» dans son merveilleux hôtel Carnavalet. Nous trouvons dans le gracieux *Weihnachtsabend* (la veillée de Noël), de Schmid, une ravissante description de «la Crèche» et Shakespeare lui-même, dans *Hamlet*, fait allusion à l'une de nos légendes de Noël les plus répandues.

De nouveau, nous prions nos amis de vouloir bien nous signaler leurs *découvertes* dans ce domaine infini de notre littérature nationale et des littératures étrangères. Ils nous aideront ainsi à compléter l'oeuvre que nous avons entreprise, pour l'édification de nos frères: la glorification populaire du divin Enfant de Bethléem.

Cette brochure se vend au profit des trois Écoles libres de Pithiviers; nous prions nos lecteurs de la faire connaître autour d'eux.